JN033520

演習問題で学ぶ

国際経済学への いざない

コンパクト

友原章典
Akinori Tomohara

A Guide to
International
Economics
Compact

日本評論社

はじめに

　教科書を読んでわかったと思ったのに、練習問題が解けないという人がいます。そうしたお悩みに応えて、問題を解きながら国際経済学を学べるように書かれたものが本書です。通常、練習問題は大事なポイントが凝縮されています。本書では、実際にどうやって問題を解いたらよいかについて学ぶことを目標として、基礎的なエッセンスだけを抽出しています。

　本書の執筆に至ったもう1つの理由は、手っ取り早く国際経済学の大枠を学習したいという要望からです。できるだけページ数を増やさず、必要最低限の内容を網羅しながら、単なる定理などの羅列にとどまらず、きちんと考え方まで学べる内容を目指しています。

＊　　　＊　　　＊

　本書には、いくつかの特徴があります。

　まず、初学者や経済学を専門としない人が学習するときにもつまずかないような工夫です。とくに、これまでジョンズ・ホプキンス大学、ニューヨーク市立大学、ピッツバーグ大学や青山学院大学で行った講義で寄せられた素朴な疑問を反映させ、ピンとこないとされるところを丁寧に解説しています。このため、場合によっては、厳密な言い回しを犠牲にしてでも、読者がイメージをもてるような記述を心がけました。

　また、各章の最後に、参考となる教科書の該当箇所を教科書ガイドとして示してあります。こうした教科書と併用して学習されると、理解度がより深まるでしょう。紙幅の都合上、本書では触れられていない内容なども、そうした書籍で補完することができます。

　さらに本書には、国際経済学で使用されるミクロ経済学の基礎理論やゲーム理論などの内容も含んでいます。公務員試験や公認会計士などの資格試験から経済学検定試験や学校の期末試験など、幅広く活用していただければと

ii

思います。

＊　　　＊　　　＊

　独特の思考体系を持つ経済学は、そうした考え方に不慣れな初学者にとっては少し敷居の高い学問です。しかし、慣れてしまえばそれほど難しいものではありません。本書が経済学を学ぶ方々に寄り添って、その手助けになればと願っています。

　最後に、図表の作成を手伝っていただいたアシスタントの張嘉雯さんと、本書の内容を丁寧にチェックしていただいた編集部の吉田素規さんにお礼を申し上げます。

　では、まえがきもコンパクトにして、さっそく学習を始めましょう！

　　2020年8月

友原章典

目　次

第1章

リカード・モデルと比較優位

> **目的**
> 比較優位と絶対優位について学習します。よく質問がある両者の違いについて、数値例を使いながら学びましょう。

　技術的に優れている国が、技術的に劣っている国と貿易をするメリットがあるのでしょうか？　技術的に優れているのであれば、すべての生産を国内で行ったらよいと思うかもしれません。しかし、国内の資源量（たとえば、各国にいる労働者の数）は限られています。

　国際経済学では、限られた資源を有効に使うには、すべてを自国だけで行うよりも、他国と協力した方がよいことが知られています。本章では、リカード・モデルと呼ばれるものを紹介しながら、こうした考え方の基礎である比較優位の概念について学習します。

　リカード・モデルでは、優れた技術とは高い労働生産性で表されます。たとえば、日本は車を1台生産するのに労働者が6人必要ですが、アメリカは労働者2人で十分だとします。アメリカは少ない人数で車を生産できる（アメリカの労働生産性は高い）ので、アメリカの生産技術の方が高いといえます。同様に、日本はりんごを1kg生産するのに労働者が8人必要ですが、

2

アメリカは労働者4人で十分だとします。アメリカは少ない人数でりんごを生産できるので、やはりアメリカの生産技術の方が高いといえます。こうした状況を、アメリカは、車とりんごの両方の財の生産において絶対優位にあるといいます。

　このようにアメリカが日本よりも技術的に優れているとしても、貿易するとメリットがあります。そのときに使われるのが比較優位という考え方です。たとえば、アメリカは、日本よりも相対的に車の生産の方が得意というように考えます。一方、日本は、アメリカよりも相対的にりんごの生産の方が得意とします。お互いに協力するのであれば、比較的どちらの生産に向いているかを表すのが比較優位です（実際にどのようにして比較優位を見つけるかは、本章の演習問題で学びます）。

　では、技術的に優れている国がそうでない国と貿易をすることで恩恵を享受するのはなぜでしょうか？　それぞれの国が相対的に得意なものを生産した方が、貿易がないときよりも世界全体での生産量は増えます。増えた生産物を貿易によって山分けすれば、より多くのものを消費できるようになるのです。このため、貿易をしない（自給自足）よりも、貿易を行った方がよいことになります。

問題1

　中国とアメリカは、コンピューターと小麦を生産しています。以下の表のそれぞれの数字は、各財を1単位つくるために必要な労働投入量を表しています。たとえばアメリカでは、コンピューターを1台生産するのに、アメリカ人労働者が2人必要です。また、アメリカでは、小麦を1kg生産するのに、アメリカ人労働者が4人必要です。同様に中国では、コンピューターを1台生産するのに、中国人労働者が6人必要です。また中国では、小麦を1kg生産するのに、中国人労働者が8人必要です。

	コンピューター	小麦
アメリカ	2人	4人
中国	6人	8人

【問1】　どちらの国の技術力が高いですか。

① アメリカはコンピューターと小麦の生産に絶対優位がある。

② 中国はコンピューターと小麦の生産に絶対優位がある。

③ 中国はコンピューターの生産に、アメリカは小麦の生産に、それぞれ絶対優位がある。

④ 中国は小麦の生産に、アメリカはコンピューターの生産に、それぞれ絶対優位がある。

⑤ いずれでもない。

【問2】　相対的な技術力について、どのようなことがいえますか。

① アメリカはコンピューターと小麦の生産に比較優位がある。

② 中国はコンピューターと小麦の生産に比較優位がある。

③ 中国はコンピューターの生産に、アメリカは小麦の生産に、それぞれ比較優位がある。

④ 中国は小麦の生産に、アメリカはコンピューターの生産に、それぞれ比較優位がある。

⑤ いずれでもない。

【解答1】

【問1】　正解①

　絶対優位について説明することから始めましょう。絶対優位というのは、みなさんの通常の感覚に近いアプローチで、両国の技術力を比較するときに、

コンピューターの場合にはアメリカでは労働者2人、中国では労働者6人が必要というように、2と6を比べます。アメリカでは中国よりも少ない労働者数でコンピューターを生産できるので、アメリカの技術力は中国の技術力よりも高いことになります。

	コンピューター	小麦
アメリカ	2人	4人
中国	6人	8人

　同じように、小麦を生産するときに、アメリカではアメリカ人4人、中国では中国人8人のように、4と8を比べます。アメリカでは中国よりも少ない労働者数で小麦を生産できるので、アメリカの技術力は中国の技術力よりも高いことになります。

	コンピューター	小麦
アメリカ	2人	4人
中国	6人	8人

　ここでのポイントは、1つのステップ、つまり、2と6を比べるとか、4と8を比べるといったように、2国間の数字を1回比べることによって、アメリカは中国よりもコンピューターや小麦をつくるのが得意であると判断するのが絶対優位の考え方です。ここまでは問題ないと思います。

【問2】正解④
　比較優位の考え方は絶対優位とどう違うのでしょうか。相対的な技術力をみる比較優位では、2つのステップが必要なことが大きな違いです。

［ステップ1］
　まずは国内、たとえばアメリカ国内において、コンピューターと小麦の生

産についてみてみます。2と4という数字を使って、コンピューターをもう1台をつくる場合の、小麦で測った費用を計算します。コンピューターをもう1台つくるためには、アメリカ人が2人必要なので、小麦の生産を0.5（＝2÷4）kg犠牲にしなくてはいけません。これが費用です。何かを得るために犠牲にしないといけないものを経済学では費用としてとらえ、**機会費用**と呼んでいます。

	コンピューター	小麦	小麦で測った コンピューター1台 追加生産するための 機会費用
アメリカ	2人	4人	0.5（＝2÷4）
中国	6人	8人	0.75（＝6÷8）

　同じように、中国でも、国内でコンピューターと小麦の生産についてみることが、第1段階になります。国内においてコンピューターを1台追加生産する場合の費用について計算します。コンピューターをもう1台つくるためには中国人が6人必要なので、小麦の生産を0.75（＝6÷8）kg犠牲にしなくてはいけません。これが費用です。

	コンピューター	小麦	小麦で測った コンピューター1台 追加生産するための 機会費用
アメリカ	2人	4人	0.5（＝2÷4）
中国	6人	8人	0.75（＝6÷8）

［ステップ2］
　第2段階でその費用0.5と0.75を比べます。すると、アメリカは中国よりも相対的にコンピューターの生産が得意なことがわかります。アメリカでコンピューターを生産する費用は0.5で、中国で生産する場合の費用0.75より

6

も低いからです。これが比較優位の見つけ方です。

　まとめると、比較優位ではまず、国内で2つの財の生産に関する情報を使って機会費用を求めます。次に、その機会費用を2国間で比べます。この2つのステップを踏むことによって、どちらの国が相対的にコンピューターの生産を得意としているかを判断するのが、比較優位の考え方です。

［ステップ1］国内での機会費用を計算：0.5と0.75
［ステップ2］2国間での機会費用を比較：0.5＜0.75
→　アメリカは中国より、相対的にコンピューターの生産が得意と結論

【問2】（別解）
　上記では、コンピューターを1台追加生産する場合を考えましたが、小麦を1kg追加生産するときに、コンピューターの生産をどのくらい犠牲にしなければいけないかという観点からも解くこともできます。

［ステップ1］
　アメリカ国内において小麦をもう1kgつくる場合に、コンピューターで測った費用を計算します。小麦をもう1kgつくるためにはアメリカ人が4人必要なので、コンピューターの生産を2（＝4÷2）台犠牲にしなくてはいけません。これが費用です。

	コンピューター	小麦	コンピューターで測った小麦1kg追加生産するための機会費用
アメリカ	2人	4人	2（＝4÷2）
中国	6人	8人	1.3（≒8÷6）

　同じように、中国国内において小麦を1kg追加生産する場合の費用について計算します。小麦をもう1kgつくるためには中国人が8人必要なので、

コンピューターの生産を約1.3（＝8÷6）台犠牲にしなくてはいけません。これが費用です。

	コンピューター	小麦	コンピューターで測った小麦1kg追加生産するための機会費用
アメリカ	2人	4人	2（＝4÷2）
中国	6人	8人	1.3（≒8÷6）

［ステップ2］

　第2段階でその費用2と1.3を比べます。すると、中国はアメリカよりも相対的に小麦の生産が得意なことがわかります。アメリカで小麦を生産する費用は2で、中国で生産する場合の費用1.3よりも高いからです。

　これが比較優位に関する問題の解き方です。ポイントは、絶対優位は1ステップ、比較優位は2ステップあることです。比較優位はシーソーみたいなもので、アメリカが相対的にコンピューターの生産が得意であれば、自動的に中国は相対的に小麦の生産が得意になります。一方、絶対優位の場合、アメリカはコンピューターと小麦の両方において生産が得意ということがありえます。

　なぜわざわざ比較優位の概念を使うのかと思われた方もいるかもしれません。比較優位の背後には、限られた資源の有効活用があります。どちらかというと得意なものをつくって、あとでそれぞれが作ったものを交換すれば、自分だけで両方つくるよりも多く消費できるようになるのです。

問題2

　日本と韓国が船と車をつくっているとします。日本は韓国に対して、造船よりも車の製造に比較優位があるのであれば、以下の選択肢のうち、正しい

記述はどれでしょう。

① 韓国は日本に対して、造船に比較優位がある。

② 韓国は日本に対して、造船と車の製造に比較優位がある。

③ 日本は韓国に対して、造船と車の製造に比較優位がある。

④ 韓国は日本に対して、造船と車の製造に比較優位がない。

⑤ いずれでもない。

解答2　正解①

　比較優位はシーソーみたいなものなので、日本が相対的に車の生産が得意であれば、自動的に韓国は相対的に造船が得意ということになります。

問題3

　アメリカは、車を1台つくるのに労働者が10人必要です。また、米を1kgつくるのに労働者が5人必要です。同様に日本は、車を1台つくるのに労働者が4人、米を1kgつくるのに労働者が2人必要です。

	車	米
アメリカ	10人	5人
日本	4人	2人

【問1】 どちらの国の技術力が高いですか。

① アメリカは車と米の生産に絶対優位がある。

② 日本は車と米の生産に絶対優位がある。

③ 日本は車の生産に、アメリカは米の生産に、それぞれ絶対優位がある。

④ 日本は米の生産に、アメリカは車の生産に、それぞれ絶対優位がある。

⑤ いずれでもない。

【問 2】車を 1 台追加生産するために、アメリカでは、米の生産を何 kg 犠牲にしないといけませんか。同様に、車を 1 台追加生産するために、日本では、米の生産を何 kg 犠牲にしないといけないでしょうか。

【問 3】どちらの国に貿易の恩恵があるでしょう。
① 日本のみ。
② アメリカのみ。
③ 日本とアメリカの両国。
④ どちらの国にも恩恵がない。
⑤ いずれでもない。

解答 3

【問 1】正解②

　車も米も少ない人数で生産できるので、アメリカよりも日本の生産技術の方が高いです。日本は両財の生産において絶対優位にあります。

【問 2】アメリカは、米の生産を 2 kg 分あきらめると、10 人の労働者を車の生産にまわせます。つまり、車を生産するための機会費用は 2 になります。

　同様に日本は、米の生産を 2 kg 分あきらめると、4 人の労働者を車の生産にまわせます。車を生産するための機会費用は 2 になります。

　つまり、車を生産するための機会費用は両国において同じです。このため、どちらかの国がいずれかの財の生産において比較優位にあるとはいえません。

　この結論は、米を生産するための機会費用で考えても変わりません。アメリカは、車の生産を1/2台分あきらめると、5 人の労働者を米の生産にまわせます。つまり、米を 1 kg 追加生産するための機会費用は1/2になります。同様に日本は、車の生産を1/2台分あきらめると、2 人の労働者を米の生産にまわせます。やはり、米を 1 kg 追加生産するための機会費用は1/2にな

ります。

	車基準の機会費用 (車の犠牲)	米基準の機会費用 (米の犠牲)
アメリカ	1/2	2
日本	1/2	2

【問3】正解④

　比較優位が議論できないときには、貿易の恩恵はありません。リカード・モデルでは、国家間の異なった技術力から貿易の恩恵を説明しようとしています。このため、相対的な技術力が同じであるときには、貿易の恩恵は生じないのです。

　このため、リカード・モデルでは、技術力が同じ国どうしの貿易を説明できません。一方、次章以降で取り扱うヘクシャー・オリーン・モデルでは、技術力が同じでも貿易の恩恵があることを説明できます。

教科書ガイド

『国際経済学へのいざない（第2版）』第1章「技術力と貿易」日本評論社
『クルーグマン国際経済学　理論と政策　上：貿易編（原書第10版）』第3章
　　「労働生産性と比較優位：リカード・モデル」丸善出版

第2章

消費・生産の理論

> **目的**
>
> 　消費者の効用最大化や生産者の価値最大化について、基礎的な知識を学びます。**無差別曲線、予算制約線、等価値線**や**生産可能性曲線**を使って、図表が描けるようになりましょう。ヘクシャー・オリーン・モデルの学習に必要な知識です。

　本章では、いままで経済学を学んだことのない人のために、国際貿易理論においてよく使う簡単な分析ツールを説明します。国際貿易を学習するときにここでつまずいてしまうことも多く、大学で学ぶ国際貿易の主役の一つであるヘクシャー・オリーン・モデルがチンプンカンプンになってしまう人もいるようです。そうした人は、経済学の基礎をすべて頭に入れようとしていないでしょうか？　ただ、心配はいりません。必要最低限度の知識があれば、後述のヘクシャー・オリーン・モデルの概要はつかめます。

　大枠は次の3つです。まず、市場における価格調整メカニズムです。モノを買いたい人（消費者）の数が、モノを売りたい人（生産者）の数よりも多いときには、価格が上がります。逆に、モノを買いたい人の数よりも、モノを売りたい人の数が多くなると、価格が下がります。こうした価格の調整に

より、モノを買いたい人の数とモノを売りたい人の数が、うまく一致していきます。

　次に、消費者の行動です。一般的な経済学では、消費者は限られた所得を使って、その満足度（効用）を最大化するように購買活動をすると考えます。つまり、使える所得の範囲内で、できるだけ欲求を充足するわけです。こうした消費者行動は、人々の好みを表す概念である無差別曲線と、限られた所得を表す概念である予算制約線を使って分析されます。

　最後に、生産者の行動です。生産者の目的はいろいろありますが、初歩的な国際経済学では、生産者は国内の限られた資源を使用して、その生産物の価値を最大化すると考えます。生産に必要な鉱物などの原材料や最新の設備を好きなだけ買ったり、優秀な人材を好きなだけ雇ったりするわけにはいきません。そういった資源の供給には限りがあるからです。こうした生産者行動は、限られた資源に関する概念である生産可能性曲線と、生産物の価値に関する概念である等価値線を使って分析されます。

　こうした消費者と生産者が出会う場所が市場です。市場は、モノを買いたい人とモノを売りたい人のバランスをうまくとり、価格や販売量を決めているのです。

問題1

　市場メカニズムの説明として、正しい組み合わせはどれでしょうか。
① aとd
② bとc
③ aとc
④ bとd
⑤ いずれでもない。
ただし、a〜dは
　a）超過需要のとき、価格が上がる。

b）超過需要のとき、価格が下がる。

c）超過供給のとき、価格が上がる。

d）超過供給のとき、価格が下がる。

とします。

解答1　　正解①

　モノを買いたい人の数が、モノを売りたい人の数よりも多い（超過需要）ときには、モノを売りたい人の立場が有利になります。このため、売り手は、モノの値段を上げることができます。一方、モノを買いたい人の数よりも、モノを売りたい人の数が多い（超過供給）ときには、売り手の立場が弱くなり、値段を下げてでも買ってもらおうとします。

問題2

　消費者行動を説明する効用最大化において使われる、2つの概念はどれでしょうか。

① aとb

② bとc

③ cとd

④ dとe

⑤ いずれでもない。

ただし、a～eは

a）無差別曲線

b）予算制約線

c）生産可能性曲線

d）等価値線

e）反応曲線

とします。

解答2 正解①

　一般的な経済学では、消費者は限られた所得を使って、その満足度（効用）を最大化するとされています。限られた所得を表した概念が予算制約線で、消費者の好みを表す概念が無差別曲線です。限られた所得を使ってその効用を最大化するような消費者行動というのは、予算制約線と無差別曲線を使って分析されるわけです。

問題3

　生産者行動を説明する価値最大化において使われる2つの概念はどれでしょうか。
① aとb
② bとc
③ cとd
④ dとe
⑤ いずれでもない。
ただし、a〜eは
　a）無差別曲線
　b）予算制約線
　c）生産可能性曲線
　d）等価値線
　e）反応曲線
とします。

解答3　正解③

　初歩の国際経済学では、生産者は限られた資源を使って、その生産物の価値を最大化するとされています。限られた資源に関する概念が生産可能性曲線で、生産物の価値を表す概念が等価値線です。限られた資源を使って、その生産物の価値を最大化するような生産者行動は、生産可能性曲線と等価値線を使って分析されるわけです。

問題4

　食品の価格が＄2、衣類の価格が＄1のとき、下図に予算制約線を描いてみましょう。ただし所得は＄100とします。

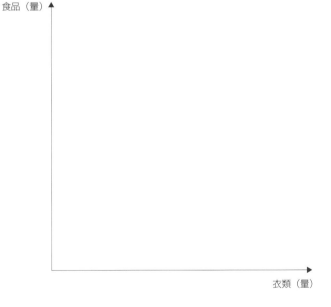

食品（量）

衣類（量）

16

解答 4

　すべての所得を食品に使うと、50単位の食品が買えます。このため、縦軸の切片は50になります。同じように、すべての所得で衣類を買うと、100単位の衣類が買えます。このため、横軸の切片は100になります。この 2 つの点を結んだ直線が予算制約線になります。

　また、＄100あれば、40単位の食品と20単位の衣類や、10単位の食品と80単位の衣類の組み合わせも購入できます。このため、これらの点も予算制約線上にあります。

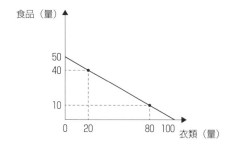

問題 5

　問題 4 の設定とは異なり、衣類の価格が＄ 2 に上昇したとき、予算制約線はどうなりますか。次頁の〔問題 5 の図〕に予算制約線を描いてみましょう。

解答 5

　すべての所得で衣類を買うと、50単位の衣類が買えます。このため、横軸の切片は50に変わります。一方、すべての所得を食品に使うと、50単位の食品が買えます。縦軸の切片は50のまま変わりません。この 2 つの点を結んだ直線が、次頁の〔解答 5 の図〕にある新しい予算制約線になります。

〔問題 5 の図〕

〔解答 5 の図〕

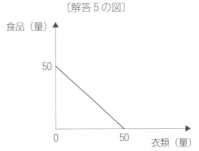

問題 6

　問題 4 の設定とは異なり、食品の価格が $ 4 、衣類の価格が $ 2 になった
とき、予算制約線はどうなりますか。次頁の図に予算制約線を描いてみましょ
う。

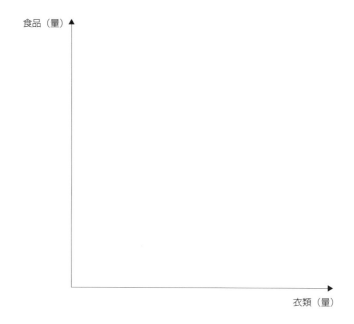

食品（量）

衣類（量）

解答6

　すべての所得を食品に使うと、25単位の食品が買えます。このため、縦軸の切片は25になります。同じように、すべての所得で衣類を買うと、50単位の衣類が買えます。このため、横軸の切片は50になります。この2つの点を結んだ直線が、新しい予算制約線になります（次頁の図）。

　所得が変わらないまま、両財の価格が倍になると、予算制約線で囲まれた三角形が小さくなるのがわかります。この三角形は購買力を示しています。所得が同じでも、モノの価格が上がると購買力が下がるのがわかります。

　ここまでの議論では、イメージがわきやすいように個人の消費者行動の分析に使われる枠組みを説明しました。実は、国際経済学を学ぶときに、この枠組みはそのまま国家に適用されます。つまり、国家の予算制約線と無差別曲線になるわけです。昔の合体ロボみたいに、国民を合体させると1人の巨

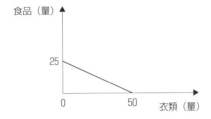

人が生まれ、その巨人の予算と効用と考えてもよいかもしれません。

　生産者行動の分析に使われる枠組みも同様です。個別の企業ではなく、国家が生み出す価値を最大化するように生産を行うわけです。

　こうしたアプローチは、大学学部で学習する伝統的な国際経済学（ヘクシャー・オリーン・モデル）で使われています。

問題 7

　食品の価格が＄ 2 、衣類の価格が＄ 1 のとき、次頁の〔問題 7 の図〕に等価値線を描いてみましょう。ただし、価値は＄ 100 とします。

解答 7

　食品だけ生産する場合、50 単位の食品を生産すると価値が＄ 100 になります。このため、縦軸の切片は 50 になります。同じように、衣類だけ生産する場合、100 単位の衣類を生産すると価値が＄ 100 になります。このため、横軸の切片は 100 になります。この 2 つの点を結んだ直線が、次頁の〔解答 7 の図〕にある価値が＄ 100 の場合の等価値線になります。

　また、40 単位の食品と 20 単位の衣類や、10 単位の食品と 80 単位の衣類の組み合わせによる生産でも＄ 100 の価値を生み出せます。このため、これらの点も等価値線上にあります。

20

〔問題7の図〕

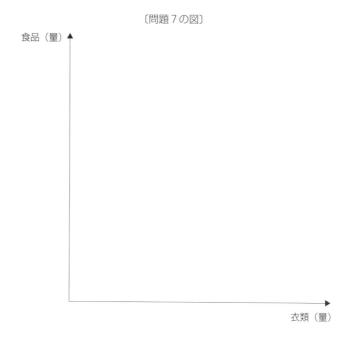

〔解答7の図〕

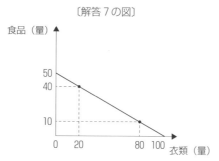

問題8

　問題7の解答の図と、問題4の解答の図を、1つの図の中に描いてみましょう。

解答 8

2つの線が重なり合って、1本の線が描かれているのがわかります。

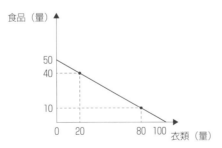

問題9

2つの無差別曲線 A と B は、どちらの方が高い効用を表していますか。

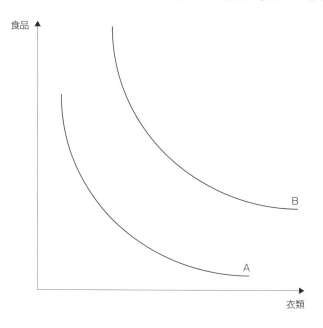

解答9　正解 B

　複数の無差別曲線が描かれているときには、右上にあるものほど高い満足度を表しています。逆に、左下にあるものほど、低い満足度を表しています。

　たとえば、次頁の図の点①と点②を比べると、点②の方が食品と衣類の消費量が多いので、B の方が高い満足度を表しているのがわかります。

　または、食品の消費量25単位のところで水平に線を引き、それぞれの無差別曲線上の点③と点④を比べると、食品の消費量は同じで、衣類の消費量は点④の方が多いため、B の満足度の方が高いことがわかります。

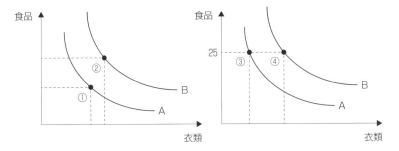

問題10

　下図にはある国の生産可能性曲線が描かれています。この国の資源が増えると、生産可能性曲線の位置はどのように変化しますか。

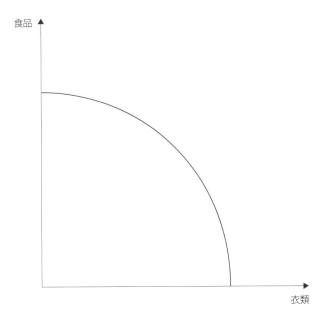

解答10

　資源が増えることで、食品と衣類のいずれも多くつくれるようになります。このため、生産可能性曲線は、外側に移動します。生産可能性曲線で囲まれた扇形の面積が増えるのがわかります。資源が増えると、より多くのモノがつくれるように（＝生産可能に）なるわけです。

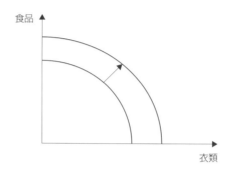

問題11

　所得 $100 ＝ 価値 $100、食品価格 $ 1 、衣類価格 $ 2 であるとします。
【問1】 予算制約線と等価値線を次頁の図に描いてみましょう。
【問2】 予算制約線と等価値線の傾きを計算してみましょう。
【問3】 上記の問いで計算した傾きは何を表していますか。

解答11

【問1】 すべての所得を食品に使うと、100単位の食品が買えます。このため、縦軸の切片は100になります。同じように、すべての所得で衣類を買うと、50単位の衣類が買えます。このため、横軸の切片は50になります。この2つの点を結んだ直線が予算制約線になります。

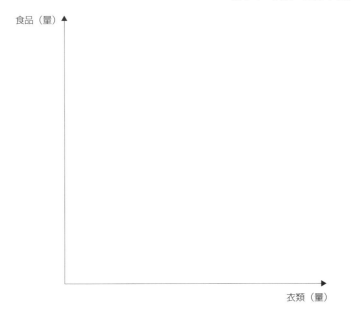

食品（量）

衣類（量）

　食品だけ生産する場合、100単位の食品を生産すると価値が＄100になります。このため、縦軸の切片は100になります。同じように、衣類だけ生産する場合、50単位の衣類を生産すると価値が＄100になります。このため、横軸の切片は50になります。この2つの点を結んだ直線が、価値が＄100の場合の等価値線になります。

　2つの線が重なり合って、1本の線が描かれているのがわかります（次頁の図の①）。このような図は、ヘクシャー・オリーン・モデルを学ぶときに目にするものです。

【問2】これより、傾きは－2になります（次頁の図の②）。

【問3】次頁の図の②の式からわかるように、この傾きは食品と衣類の相対価格になっています。これも、ヘクシャー・オリーン・モデルを学ぶときに重要な点ですので、覚えておきましょう。

①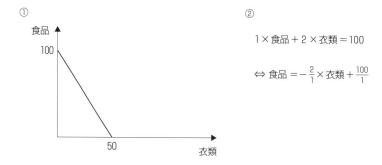

②

$1 \times 食品 + 2 \times 衣類 = 100$

$\Leftrightarrow 食品 = -\frac{2}{1} \times 衣類 + \frac{100}{1}$

教科書ガイド

『国際経済学へのいざない（第2版）』第2章「基礎的分析ツール」日本評論
　　社

第3章

ヘクシャー・オリーン・モデルと 貿易の恩恵

> **目的**
>
> 　貿易がある場合と貿易がない場合を比べ、貿易の恩恵が生じるメカニズムを学びます。貿易がなければ消費できないようなモノの組み合わせを消費できるようになることがポイントです。

　本章では、自由貿易が提唱される理由を考えます。自由貿易はよいことであるという論調が一般的ですが、どうして貿易はよいこととされているのでしょうか。国によって相対的な資源量（要素賦存量）が違うヘクシャー・オリーン・モデルの枠組みにおいて、貿易がある場合とない場合を比べることで、貿易の恩恵を明らかにします。

　貿易がない場合の閉鎖経済では、生産されたすべてのモノは国内で消費されます。つまり、貿易のない場合には、消費量は常に生産量と一致します。一方、開放経済といって、貿易がある場合には、消費量はかならずしも生産量と同じでなくてもかまいません。消費量よりも生産量が多いモノは輸出して、逆に、消費量よりも生産量が少ないモノは輸入すればよいからです。その結果、人々の満足度が増すために、貿易はよいことだとされています。

　では、どうして貿易をすると、貿易をしないときより満足度（社会厚生＝効用）が高くなるのでしょうか？

　そのメカニズムは意外と単純です。苦手なモノを自国で生産しても、価格が高くなるだけです。そこで、相対的に得意なモノを多く生産して輸出し、苦手なモノは自国であまり生産せずに輸入するようにします。

　すると、世界的にみて適材適所となるように労働者などが配置され、好ましい資源配分が達成されます。資源を有効的に活用できるわけです（経済学では、効率的といいます）。その結果、より多くのモノがつくれるようになります。こうして大きくなった経済のパイをうまく分けるように貿易をすると、貿易がなければ消費できない生産物の組み合わせを消費できるようになります。このため、貿易はよいことだというわけです。

　ちなみに、第1章のリカード・モデルでは、貿易の源泉は国家間の相対的な技術力の違いでしたが、ヘクシャー・オリーン・モデルでは、国家間の相対的な要素賦存量の違いとなっています。

問題1

　衣類と食品が生産・消費されている世界を考えます。

【問1】無差別曲線、予算制約線、等価値線や生産可能性曲線を使って、貿易がない場合（＝閉鎖経済）の最適な生産と消費を次頁の図に描いてみましょう。

【問2】閉鎖経済では、生産量と消費量の間にどのような関係があるでしょうか。
① 消費量は生産量と一致。
② 消費量は生産量より多い。
③ 消費量は生産量より少ない。

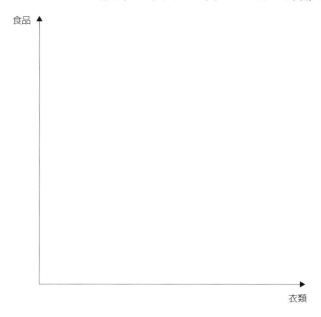

【問3】次頁の図は、貿易がある場合（＝開放経済）の最適な生産や消費の一例が描かれています。開放経済では、生産量と消費量の間にどのような関係があるでしょうか。

① 消費量は生産量とかならず一致。

② 消費量は生産量よりかならず多い。

③ 消費量は生産量よりかならず少ない。

④ 消費量は生産量とかならずしも一致しない。

⑤ いずれでもない。

30

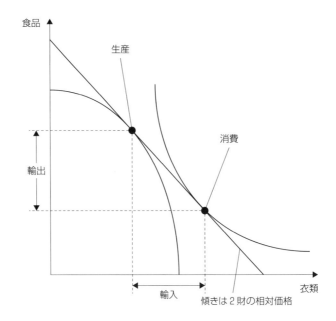

食品

生産

輸出

消費

輸入

衣類

傾きは2財の相対価格

【問4】閉鎖経済と開放経済の場合を比べてみましょう。次頁の図の点線①が閉鎖経済の場合において効用（＝社会厚生）を最大化する無差別曲線、②が開放経済の場合において効用（＝社会厚生）を最大化する無差別曲線を表しています。どちらの社会厚生が高いでしょうか。

① 閉鎖経済

② 開放経済

③ 閉鎖経済と開放経済で同じ

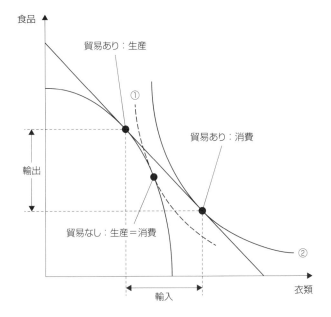

食品

貿易あり：生産

①

貿易あり：消費

輸出

貿易なし：生産＝消費

②

輸入

衣類

解答 1

【問 1】 次頁の〔解答 1 問 1 の図〕を参照。

【問 2】 正解①

　自国での生産量よりも多くは消費できないため、消費量は生産量と一致します。

【問 3】 正解④

　衣類や食品が国際市場で取引される貿易がある場合には、消費量はかならずしも生産量と一致しなくても構いません。

　問題の図では、国内で生産している衣類より、国内で消費してる衣類の方が多い場合が描かれています。生産量よりも多く消費しており、その差額分は輸入によってまかなわれています。

〔解答1問1の図〕

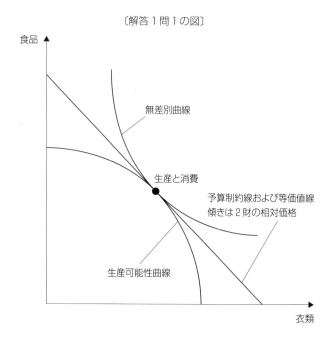

同様に、国内で生産している食品より、国内で消費してる食品の方が少なくなっており、余った食品は輸出されています。

ここでは、片方の財が輸出されていれば、もう片方の財は輸入されています。つまり、片方の財では生産量の方が消費量よりも多く、もう片方の財では生産量の方が消費量よりも少なくなっています。

【問4】 正解②

開放経済の場合の無差別曲線②の方が、閉鎖経済の場合の無差別曲線①より右上に位置していることからわかります。このため、貿易をしないよりも貿易をした方が、社会厚生が高まるという結論になります。

では、どうして貿易をすると、貿易をしない場合より社会厚生が高くなるのでしょうか。それは、貿易がなければ消費できないような生産物の組み合わせを消費できるようになるからです。貿易がある場合の消費は、生産可能

性曲線の内部にはありません。つまり、自国の限られた資源では、つくることができない生産量の組み合わせを消費しているわけです。

　よくある間違いは、貿易をすると、貿易がない場合よりも多く消費できるようになるという解答です。問題の図を見るとわかるように、衣類は多く消費できるようになりますが、食品の消費量が減っています。感覚的には、国内でだぶついている食品はもういらないので、衣類と交換しているといったところです。相対的に、よりほしい財の消費にシフトしているわけです。

教科書ガイド

『国際経済学へのいざない（第2版）』第3章「貿易のメリットと国際貿易体制」日本評論社

『クルーグマン国際経済学　理論と政策　上：貿易編（原書第10版）』第5章「資源と取引：ヘクシャー＝オリーン・モデル」、第6章「標準貿易モデル」丸善出版

第4章

ヘクシャー・オリーン定理と貿易パターン

目的

　ヘクシャー・オリーン・モデルでは、国家間によって異なる資源量の差が、どのようなモノを生産するのに向いているか（＝比較優位）を決めます。その結果、何を輸出して何を輸入するかという貿易のパターンが示されることを学びます。

　第1章で学習したリカード・モデルでは、国によって技術力に差があることが重要でした。そこでは、自国の技術が相対的に優位にあるモノだけを生産し、そのモノを輸出します。一方、自国で生産するのが相対的に苦手なモノについては輸入します。その結果、国家間における相対的な技術力の差により貿易の恩恵が生み出されました。

　では、国家間で技術力に差がない場合、貿易の恩恵はないのでしょうか？ヘクシャー・オリーン・モデルは、技術力に差がない場合でも貿易の恩恵があることを示します。このモデルでは、国によって異なる資源量に着目します。その差が生産するモノの向き不向きを決め、貿易の恩恵を生じさせると考えます。

　たとえば、日本はメキシコよりも相対的に資本が多いとします。このとき

36

日本は生産過程において、労働よりも資本が重要であるコンピューターの生産に向いています。逆に、生産過程において資本よりも労働がおもな役割を担う（＝労働集約的な）衣類の生産には向いていないことになります。

一方、貿易相手国であるメキシコは、日本よりも相対的に労働力が豊富です。するとメキシコは、生産過程において資本よりも労働がおもな役割を担う衣類の生産に向いていることになります。逆に、生産過程において労働よりも資本が重要である（＝資本集約的な）コンピューターの生産には向いていないことになります。

日本は、比較優位のあるコンピューターを輸出し、そうでない衣類を輸入します。一方、メキシコは、比較優位のある衣類を輸出し、そうでないコンピューターを輸入します。これが国家間の資源量の差に着目したヘクシャー・オリーン・モデルによって示唆される貿易のパターンです。これをヘクシャー・オリーン定理といいます。

定理などというと身構えてしまいますが、わかりやすくいえば、自国に豊富にある資源をうまく活用するような貿易を行うとよい、ただそれだけのことなのです。

問題1

貿易を行う2つの国、アメリカと中国を考えてみましょう。両国では2つの財が生産されています。1つは労働集約的な財である衣類、もう1つは資本集約的な財であるコンピューターです。生産に必要な生産要素は労働と資本とします。それぞれの国の要素賦存量は以下の表に表されています。労働者の能力や資本設備の性能に差がないとします。

	労働	資本
アメリカ	90	30
中国	30	20

【問1】 それぞれの国は、何の生産に比較優位があるでしょう。

① アメリカは衣類、中国はコンピューター。

② アメリカはコンピューター、中国は衣類。

③ アメリカは衣類とコンピューター。

④ 中国は衣類とコンピューター。

⑤ いずれでもない。

【問2】 **ヘクシャー・オリーン定理**によれば、

① アメリカは衣類を輸出し、コンピューターを輸入する。

② アメリカはコンピューターを輸出し、衣類を輸入する。

③ アメリカは衣類とコンピューターを輸出する。

④ 中国は衣類とコンピューターを輸出する。

⑤ 中国は衣類を輸出し、コンピューターを輸入する。

解答1

【問1】 正解①

　相対的な資源量の違いによって、比較優位が決まります。リカード・モデルの比較優位の場合と同じように、2ステップで考えます。

［ステップ1］

　資本1単位当たりの労働者数でみるとどうでしょう。アメリカでは、資本1単位に対して労働者の数は3です。

	労働	資本	
アメリカ	90	30	90÷30＝3

　一方、中国では、資本1単位に対して労働者の数は1.5です。

	労働	資本	
中国	30	20	30÷20＝1.5

[ステップ2]

　ステップ1で計算した3と1.5を比べると3の方が大きいので、アメリカは中国より相対的に労働者が豊富であるといいます。

　労働が相対的に豊富であるアメリカは、労働集約的な財である衣類の生産に向いているため、衣類の生産に比較優位があります。また、比較優位はシーソーのような概念なので、アメリカが衣類の生産に比較優位があれば、中国は自動的にコンピューターの生産に比較優位があることになります。

　別解として、労働1人当たりの資本でみても同じ結論になります。

[ステップ1]

　労働者1人当たりの資本でみるとどうでしょう。アメリカでは労働者1人に対して資本は約0.33単位です。

	労働	資本	
アメリカ	90	30	30÷90≒0.33

　一方、中国では労働者1人に対して資本は約0.67単位です。

	労働	資本	
中国	30	20	20÷30≒0.67

[ステップ2]

　ステップ1で計算した0.33と0.67を比べると、0.67の方が大きいので、中国はアメリカより相対的に資本が豊富であるといいます。

　資本が相対的に豊富な中国は、資本集約的なコンピューターの生産に向いているため、コンピューターの生産に比較優位があります。

【問2】 正解①

　アメリカは比較優位のある衣類を輸出し、比較優位のないコンピューターを輸入します。一方、中国は比較優位のあるコンピューターを輸出し、比較優位のない衣類を輸入します。

問題2

　曲線 GBF は生産可能性曲線、点 C を含む曲線は無差別曲線、直線ABECD は等価値線と予算制約線とします。この図では、予算制約線と等価値線が重なっているので、1 本の直線しか描かれていません。以下の問題を考えてみましょう。

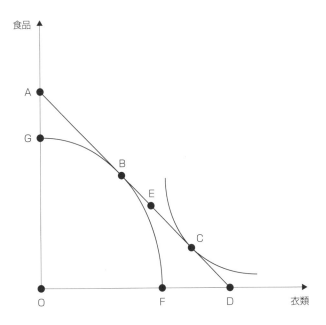

【問1】 最適な生産の組み合わせはどこで決定されていますか。
① A

② B
③ C
④ D
⑤ E
⑥ F
⑦ G

【問2】最適な消費の組み合わせはどこで決定されていますか。
① A
② B
③ C
④ D
⑤ E
⑥ F
⑦ G

【問3】このとき、この国は何を輸入していますか。
① 食品
② 衣類
③ 食品と衣類
④ いずれでもない

【問4】このとき、この国は何を輸出していますか。
① 食品
② 衣類
③ 食品と衣類
④ いずれでもない

【問5】ヘクシャー・オリーン・モデルの枠組みでは、この国は何の生産に比較優位があるといえますか。

① 食品
② 衣類
③ 食品と衣類
④ いずれでもない

解答2

【問1】 正解②

　生産物の価値を最大化する生産の組み合わせは、等価値線が生産可能性曲線と接しているBになります。

【問2】 正解③

　消費者の効用を最大化する消費の組み合わせは、予算制約線が無差別曲線と接しているCになります。

【問3】 正解②

　衣類の生産量はOB′、衣類の消費量はOC′。OC′はOB′より多いので、足りない分は輸入して消費しているのがわかります（次頁の〔解答2問3の図〕）。

【問4】 正解①

　食品の生産量はOB″、食品の消費量はOC″。OC″はOB″より少ないので、余った分は輸出しているのがわかります（次頁の〔解答2問4の図〕）。

【問5】 正解①

　ヘクシャー・オリーン定理に基づき、輸出をしている食品に比較優位があ

〔解答2問3の図〕

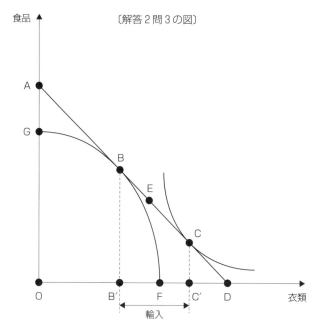

食品

A
G
B
E
C

O B′ F C′ D 衣類

輸入

〔解答2問4の図〕

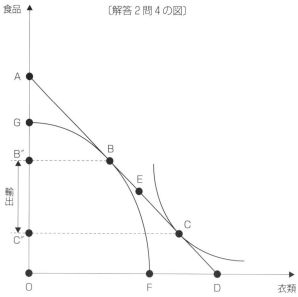

食品

A
G
B″
B
E
C
C″

輸出

O F D 衣類

るのがわかります。

問題3

　食品と衣類が生産されている世界を考えます。貿易を開始することで、ある国において衣類の価格÷食品の価格が上昇して均衡したとします。その国の状態について、次の記述のうちもっとも適切なものはどれでしょう。

① 衣類の供給量と食品の供給量が増えている。

② 衣類の供給量と食品の供給量が減っている。

③ 衣類の供給量は増え、食品の供給量は減る。

④ 食品の供給量は増え、衣類の供給量は減る。

⑤ いずれでもない。

解答3　正解③

　問題文の記述を図に描いてみましょう。

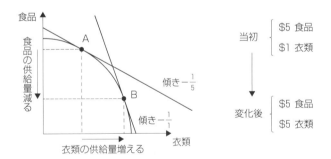

　わかりやすいように数値例を使ってみましょう。たとえば、当初、食品の価格が＄５、衣類の価格が＄１としましょう。このとき、衣類の価格÷食品の価格＝１÷５＝1/5です。ここで貿易を開始して、食品の価格が＄５、衣類の価格も＄５になったとします。すると、衣類の価格÷食品の価格＝５÷

44

5 ＝ 1 です。計算された相対価格比 1 は1/5より大きいので、図表に描かれる等価値線（＝予算制約線）の傾きは急になります。

　図では、当初の均衡は点 A、貿易開始後の均衡は点 B で示されています。図より明らかなように、食品の供給量が減り、衣類の供給量が増えているのがわかります。

　価格が上昇したのだから供給が減ると思われた人もいるかもしれません。確かに、需要を所与として価格が上がればモノが売れなくなるため供給量は減ります。しかし、この問題が想定している状態は違います。衣類の需要が増えたため、衣類価格が上昇したような場合を考えているのです。つまり、買いたい人が多いのに供給が追いついていないので、供給量は増えることになります。

　Q：価格が上昇したので、供給が減る（価格↑ → 供給↓）のでは？
　A：① 価格が上昇したときに供給が減るのは、たとえば、

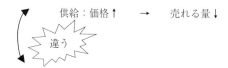

需要：不変
供給：価格↑　→　売れる量↓
違う

　② この問題では、違う状況を想定しています。

衣類需要↑　→　衣類価格↑
この意味は？
供給：買いたい人が多いのに、供給が追いついてない → 均衡では供給量が増える。

問題4

　ヘクシャー・オリーン・モデルの枠組みで、日本とベトナムがコンピュー

ターと衣類を貿易する世界を考えます。生産要素は労働と資本とし、日本は
相対的に資本が豊富な国で、ベトナムは相対的に労働が豊富な国とします。
また、コンピューターは資本集約的な財で、衣類は労働集約的な財だとしま
しょう。

　貿易前には日本とベトナムでそれぞれ独立した市場があります。日本では、
コンピューターの価格が＄１、衣類の価格が＄５、ベトナムでは、コンピュ
ーターの価格が＄３、衣類の価格が＄２とします。貿易後の２財の相対価格
（＝衣類の価格÷コンピューターの価格）が取りうる値として、適切な選択
肢はどれでしょう。

① 貿易後には日本とベトナムのいずれでも、２財の相対価格は３になる。
② 貿易後には日本とベトナムのいずれでも、２財の相対価格は６になる。
③ 貿易後には日本とベトナムのいずれでも、２財の相対価格は1/3になる。
④ 貿易後には２財の相対価格は日本では６、ベトナムでは1/3になる。
⑤ 貿易後には２財の相対価格は日本では1/3、ベトナムでは６になる。

解答4　　正解①

　ヘクシャー・オリーン定理に基づけば、比較優位により以下のようになり
ます。

日本	ベトナム
相対的に資本が豊富	相対的に労働が豊富
資本集約的なコンピューターを輸出	労働集約的な衣類を輸出
労働集約的な衣類を輸入	資本集約的なコンピューターを輸入

貿易を開始するとどのような変化があるかを少し考えてみましょう。

貿易前にはそれぞれの国で別々の市場

日本	ベトナム
$P_{PC} = \$1$	$P_{PC} = \$3$
$P_C = \$5$	$P_C = \$2$

等価値線

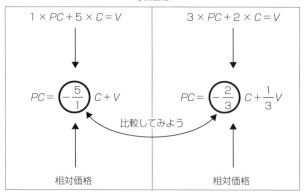

注) ただし、コンピューターの生産量：PC、コンピューターの価格：P_{pc}、衣類の生産量：C、衣類の価格：P_c、生産物の価値：Vとします。

　コンピューターを基準にしてみた衣類の価格は、日本の方が高くなっています。資本が相対的に豊富な日本は、労働集約的な衣類の生産がどちらかというと得意ではないので、国内ではあまり生産しておらず、その価格が高くなっています。

　一方、労働力が相対的に豊富なベトナムは、労働集約的な衣類の生産がどちらかというと得意なので、国内で多く生産し、その価格が低く抑えられています。

　ここで両国が貿易を開始すると、各々の財の生産量と価格は次のようになります。

$\begin{array}{c}A\end{array}$

日本：ベトナムがコンピューターを高く買ってくれるので

$\longrightarrow$　もっとコンピューターを生産しようとします。

$\longrightarrow$　しかし、国内の資源（労働、資本）量は一定です。

$\longrightarrow$　そこで、衣類を減産して資源調達します。

　その結果、コンピューターの生産↑ & 衣類の生産↓

ベトナム：日本が衣類を高く買ってくれるので

$\longrightarrow$　もっと衣類を生産しようとします。

$\longrightarrow$　しかし、国内の資源制約に直面します。

$\longrightarrow$　そこで、コンピューターの生産を減産して資源調達します。

　その結果、コンピューターの生産↓ & 衣類の生産↑

$\begin{array}{c}B\end{array}$

日本：ベトナムがコンピューターを買ってくれる（＝輸出）ので

　需要の増えたコンピューターの価格は上がります。

　輸入により供給が増える衣類の価格は下がります。

$\longrightarrow$　日本国内の P_{pc}↑ & P_c↓

ベトナム：日本が衣類を買ってくれる（＝輸出）ので

　需要の増えた衣類の価格は上がります。

　輸入により供給が増えるコンピューターの価格は下がります。

$\longrightarrow$　ベトナム国内の P_c↑ & P_{pc}↓

$\boxed{A}$ ＋ $\boxed{B}$ を描いたのが、次頁の図（貿易後）です。

48

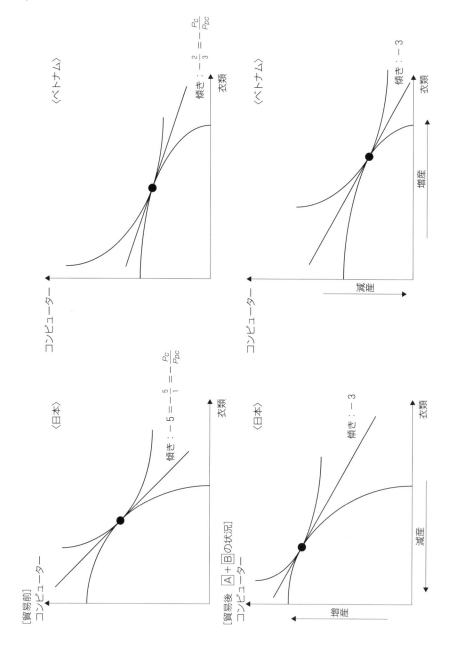

相対価格（＝傾き）の変化について見てみましょう。

$$-\frac{5}{1}\begin{matrix}\downarrow\\\uparrow\end{matrix}\qquad-\frac{2}{3}\begin{matrix}\uparrow\\\downarrow\end{matrix}$$

日本国内では P_{pc} が上昇し、P_c が低下します。このため相対価格は当初の5（＝5/1）より小さくなります。一方、ベトナム国内では P_c が上昇し、P_{pc} が低下します。このため相対価格は当初の2/3より大きくなります。その結果、たとえば2つの相対価格の中間である3のような値に落ち着くわけです。つまり、貿易後の均衡における相対価格は、

2/3 ＜ 新しい相対価格 ＜ 5

となります。解答例のように3でなくても、この範囲の値であれば構いません。

　また、貿易後の均衡では、両国における相対価格が同じになります。つまり貿易後の均衡は、これまでそれぞれの国で別々だった市場が、世界で統一された1つの市場になるわけです。相対価格が同じでないうちは、両国間で交易を行うことで恩恵があります。相対価格が同じでないときには、ベトナムは日本からコンピューターを輸入する誘因があるからです。こうした誘因は、両国で相対価格が同じになるとなくなります。

教科書ガイド

『国際経済学へのいざない（第2版）』第4章「要素賦存量と貿易」日本評論社

『クルーグマン国際経済学　理論と政策　上：貿易編（原書第10版）』第5章「資源と取引：ヘクシャー＝オリーン・モデル」、第6章「標準貿易モデル」丸善出版

第5章

ストルパー・サミュエルソン
定理と所得分配

<u>目的</u>

　ヘクシャー・オリーン・モデルでは、貿易開始後に拡大する産業と縮小する産業があります。拡大する産業の生産で重要な役割をはたす生産要素の提供者は受け取りが増え、縮小する産業で重要な役割をはたす生産要素の提供者は受け取りが減ることを学びましょう。

　前章までは貿易の恩恵を説明する考え方を紹介しましたが、貿易の恩恵はすべての人に享受されるわけではないので、好ましくないとする意見もあります。本章では引き続き、ヘクシャー・オリーン・モデルを使いながら、貿易で得をする人たちと損をする人たちについて考えていきます。

　本章では、財市場と要素市場を区別することがポイントです。財市場とは、コンピューターなどのように生産したモノを売り買いする市場です。一方、要素市場とは、労働市場などのように生産に必要な投入物である生産要素を売り買いする市場のことです。

　貿易を始めると、自国で比較優位にある産業はその生産を拡大し、そうでない産業は生産を縮小します。生産が拡大する産業では、より多くの投入物

52

が必要になります。そこで、労働や資本を調達しなければなりません。

たとえば、コンピューターのような産業が拡大しているときには、その生産過程で重要な役割をはたす資本が不足します。不足した資本を調達するには、資本の価格を上げないと調達できません。一方で衣類のような産業が縮小しているときには、その生産過程で多くの労働者を解雇しなければなりません。労働市場にはたくさんの労働者が供給されます。労働者が過剰供給されている状態では、賃金を安くしないと雇ってもらうことはできません。

こうした変化の影響は、日々の糧を労働によって稼いでいるか、資金の運用によって稼いでいるかによって、変わってくるのがわかるでしょう。つまり、貿易をすることによって社会全体の厚生が改善するとしても、その分け前が等しく享受されているとは限らないのです。得をする人たちと損をする人たちがいるわけです。

では、誰が得をして誰が損をするのか？　それを示唆するのがストルパー・サミュエルソン定理と呼ばれるものです。資本が相対的に豊富である国が貿易を始めると、資本の価格であるレントは上がりますが、労働の価格である賃金は下がります。資金の運用によって稼ぐような資本家は得をしますが、働いて賃金を稼いでいる労働者は損をすることになります。もし資本家の所得が労働者の所得より高いのであれば、貿易によって資本家と労働者の所得格差が拡大することになります。

問題1

ヘクシャー・オリーン・モデルにおいて、閉鎖経済から開放経済に移行する（＝貿易を開始する）場合を考えましょう。生産に必要な生産要素は労働と資本とします。労働者は賃金を受け取り、資本家はレントを受け取ります。2つの国、メキシコとアメリカにおける生産要素の賦存量が表のようだとすると、メキシコについて適切な記述はどれでしょう。

	労働	資本
メキシコ	90	30
アメリカ	120	80

【問1】

① 賃金とレントが上がる。

② 賃金とレントが下がる。

③ 賃金が上がり、レントが下がる。

④ 賃金が下がり、レントが上がる。

⑤ いずれでもない。

【問2】

① 労働者は自由貿易に賛成し、資本家は反対する。

② 労働者は自由貿易に反対し、資本家は賛成する。

③ 労働者と資本家は自由貿易に賛成する。

④ 労働者と資本家は自由貿易に反対する。

⑤ いずれでもない。

解答1

【問1】　正解③

　問題の解説に入る前に、用語の説明をしておきましょう。賃金はわかるが、レントがわからないという質問をよく受けます。

> **賃金**　労働者が受け取る、労働に対する対価
> 　　　　例：工場で人がはたらく

レント　資本家が受け取る、資本に対する収益
　　　　例：工場で機械を使用

　イメージをもつことは、初学者の学習の手助けになります。モノをつくるときに労働（＝体を動かす作業）を提供して受け取る対価が賃金、お金（＝機械設備の購入）を提供して受け取る対価がレントと、大まかに考えてみましょう。こうした説明でも、レントのイメージがわからないという質問がしばしばあります。あえてイメージを優先するなら、銀行から受け取る利子みたいなものだと思ってください。

　この問題ではまずメキシコが、相対的に労働が豊富な国か資本が豊富な国かを判定しなければいけません。

［ステップ1］

　資本1単位当たりの労働者数でみるとどうでしょう。メキシコでは、資本1単位に対して労働者の数は3です。

	労働	資本	
メキシコ	90	30	90÷30＝3

一方、アメリカでは、資本1単位に対して労働者の数は1.5です。

	労働	資本	
アメリカ	120	80	120÷80＝1.5

［ステップ2］

　ステップ1で計算した3と1.5を比べると、3の方が大きいので、メキシコはアメリカより、相対的に労働者が豊富であることがわかります。

　前章のヘクシャー・オリーン定理でみたように、労働が相対的に豊富であるメキシコは、労働集約的な財の生産に向いているため、その生産に比較優

位があります。このため、労働集約的な財を生産する産業は拡大します。すると、労働者がもっと必要になり労働者の賃金も上がります。一方、資本集約的な財を生産する産業は縮小します。すると、資本はあまり必要でなくなり資本のレントは下がります。

【問2】　正解①

　自由貿易が開始されると、所得分配に変化があります。賃金の上がる労働者は自由貿易に賛成し、レントの下がる資本家は自由貿易に反対します。

問題2

　ヘクシャー・オリーン・モデルにおいて、閉鎖経済から開放経済に移行する（＝貿易を開始する）場合を考えましょう。話を単純にするために、生産に必要な生産要素は単純労働者と技能労働者とします。また、アメリカは相対的に技能労働者が豊富な国で、メキシコは相対的に単純労働者が豊富な国としましょう。労働者の受け取る賃金について適切な記述は、次のうちどれでしょう。ただし、閉鎖経済においては、技能労働者の賃金は単純労働者の賃金よりも高いものとします。

【問1】
① アメリカの技能労働者の賃金は上がり、メキシコの単純労働者の賃金は下がる。
② アメリカの技能労働者の賃金とメキシコの単純労働者の賃金は上がる。
③ アメリカの技能労働者の賃金とメキシコの単純労働者の賃金は下がる。
④ アメリカの技能労働者の賃金は下がり、メキシコの単純労働者の賃金は上がる。
⑤ いずれでもない。

【問2】

① アメリカの単純労働者の賃金は上がり、メキシコの技能労働者の賃金は下がる。

② アメリカの単純労働者の賃金とメキシコの技能労働者の賃金は上がる。

③ アメリカの単純労働者の賃金とメキシコの技能労働者の賃金は下がる。

④ アメリカの単純労働者の賃金は下がり、メキシコの技能労働者の賃金は上がる。

⑤ いずれでもない。

【問3】

① アメリカでは、貿易によって、単純労働者と技能労働者の間の所得格差が拡大する。

② アメリカでは、貿易によって、単純労働者と技能労働者の間の所得格差が縮小する。

③ アメリカでは、単純労働者と技能労働者の間の所得格差は、貿易による影響を受けない。

④ メキシコでは、貿易によって、単純労働者と技能労働者の間の所得格差が拡大する。

⑤ いずれでもない。

解答2

　いずれもストルパー・サミュエルソン定理に関連した問題です。

【問1】 正解②

　アメリカは相対的に技能労働者が豊富な国なので、技能労働集約的な財の生産に比較優位があります。このため、技能労働集約的な財を生産する産業が拡大し、その生産において重要な役割をはたす技能労働者への需要が増え

ます。その結果、技能労働者の賃金は上がります。

　同様に、メキシコは相対的に単純労働者が豊富な国なので、単純労働集約的な財の生産に比較優位があります。このため、単純労働集約的な財を生産する産業が拡大し、その生産において重要な役割をはたす単純労働者への需要が増えます。その結果、単純労働者の賃金は上がります。

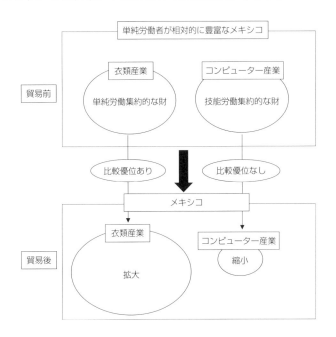

【問2】　正解③

　アメリカは相対的に技能労働者が豊富な国なので、技能労働集約的な財の生産に比較優位があります。このため、技能労働集約的な財を生産する産業が拡大する一方、単純労働集約的な財を生産する産業は縮小します。このため、単純労働者への需要は減り、彼らの賃金は下がります。

　同様に、メキシコは相対的に単純労働者が豊富な国なので、単純労働集約的な財の生産に比較優位があります。このため、単純労働集約的な財を生産

する産業が拡大する一方、技能労働集約的な財を生産する産業は縮小します。このため、技能労働者への需要が減り、彼らの賃金は下がります。

【問3】正解①

　問1と問2より、アメリカでは、技能労働者の賃金が上がり、単純労働者の賃金が下がるので、両者の間の所得格差は拡大します。

　たとえば、閉鎖経済における技能労働者の賃金が＄80、単純労働者の賃金が＄40としましょう。また、開放経済に移行した場合に、技能労働者の賃金が＄100、単純労働者の賃金が＄20に変わったと仮定しましょう。単純労働者と技能労働者の間の所得格差は、＄40（＝＄80 − ＄40）から＄80（＝＄100 − ＄20）に拡大しているのがわかります。

　同様に、問1と問2より、メキシコでは単純労働者の賃金が上がり技能労働者の賃金が下がるので、両者の間の所得格差は縮小します。

教科書ガイド

『国際経済学へのいざない（第2版）』第5章「生産要素市場」、第6章「所得分配」日本評論社

『クルーグマン国際経済学　理論と政策　上：貿易編（原書第10版）』第4章「特殊要素と所得分配」、第5章「資源と取引：ヘクシャー＝オリーン・モデル」、第6章「標準貿易モデル」丸善出版

第6章

リプチンスキー定理と
移民の流入

目的
　移民の受け入れによって、国内産業にどのような影響があ
るかを考えます。労働者である移民が増加した場合に、労働
集約的な財の生産が増え、資本集約的な財の生産が減るとい
うリプチンスキー定理を学びます。

　先進国では、少子高齢化にともなう社会保障政策の財源が問題になったり、
人口増加率の停滞から長期の経済成長率が停滞したりするのではないかと危
惧されています。こうしたなかで、移民の受け入れが政策課題として取り上
げられる一方、受け入れの弊害も懸念されています。
　本章では、移民を受け入れるとどのような影響があるかを、国際経済学の
観点から考えていきます。移民問題を分析するときに使えるのがリプチンス
キー定理と呼ばれるものです。これは、ある国の資源量（労働量や資本量）
が変化したときに貿易のパターンがどのように変わるかを示してくれます。
　たとえば、日本が移民を受け入れるとします。移民が増えると国内の労働
者という資源が増加するので、これまでよりも多くの生産が可能になります。
このとき、衣類のようにその生産過程で労働が重要な役割をはたすモノの生

産が増えることになります。一方で、コンピューターのようにその生産過程で資本が重要な役割をはたすモノの生産は減ります。

　こうした生産調整の背後には、国内にある限られた資源を有効に使うという効率性の考えがあります。移民によって増えた労働者を活用するには、衣類のような労働集約的な財の生産を増やすのですが、衣類の生産にも資本は必要です。こうした資本は、コンピューターのような資本集約的な財を生産する産業から調達することになります。すると、コンピューターのような資本集約的な財の生産は減ってしまうのです。

　移民によって増加した労働者を効率的に活用して貿易による恩恵を享受するには、これまでの資源配分を見直す必要が出てきます。その過程で、拡大する産業もあれば縮小する産業もでてくるのです。

問題1

【問1】ヘクシャー・オリーン・モデルにおいて、労働集約的な財である衣類と資本集約的な財であるコンピューターが生産されている世界を考えます。トルコからドイツに多くの移民が流入したとしましょう。リプチンスキー定理が妥当だとすると、次の選択肢のうちドイツについて適切な記述はどれでしょう。

① 衣類の生産が増え、コンピューターの生産が減る。

② コンピューターの生産が増え、衣類の生産が減る。

③ 衣類とコンピューターの生産が増える。

④ コンピューターの生産が減る。

⑤ いずれでもない。

【問2】リプチンスキー定理の枠組みでは、移民の流入によってドイツの賃金はどうなるのでしょうか。

① 上がる

② 下がる

③ 衣類産業の賃金は、コンピューター産業の賃金より高くなる。

④ コンピューター産業の賃金は、衣類産業の賃金より高くなる。

⑤ いずれでもない。

解答1

【問1】正解①

　移民の流入によってドイツにおける労働者が増えたとすると、リプチンスキー定理では労働集約的な財である衣類の生産が増え、資本集約的な財であるコンピューターの生産が減ります。労働者が増えたので、増加した労働者を有効に活用すべく、労働者がより重要な役割をはたす衣類の生産にシフトするわけです。

　次頁の図には、移民流入前の均衡点Aと移民流入後の均衡点Bが描かれています。移民の流入により国内の資源量（＝労働者数）が増えたドイツでは、より多くのモノがつくられるようになるので、生産可能性曲線が外側にシフトします。この際、労働集約的な財である衣類の生産に偏ったシフトとなります。その結果、コンピューターの生産は減り、衣類の生産が増えるのがわかります。

【問2】正解⑤

　リプチンスキー定理では、2財の生産量が変化しても相対価格が変わらないと仮定しています。このため、図では2本の直線（予算制約線と等価値線が重なった直線）の傾きは同じになり、それらの直線が平行に描かれています。

　こうした仮定のため、ストルパー・サミュエルソン定理でみたような、価格変化を通じた賃金やレントなど要素価格への影響を議論することができません。財の相対価格が変化しないからです。

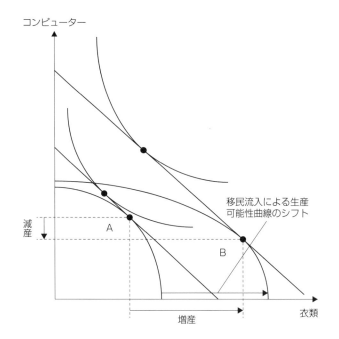

コンピューター

移民流入による生産
可能性曲線のシフト

減産

A

B

増産

衣類

　一方、通常の需要と供給の理論に基づけば、移民の流入は労働供給を増や
すため、賃金の下落圧力となります。リプチンスキー定理とは違う結論にな
るわけです。

　理論によってその帰結は異なり、どのような理論が現実をうまく説明して
いるかの検証がデータを使って行われています。

教科書ガイド

『国際経済学へのいざない（第2版）』第7章「国際要素移動」日本評論社
『クルーグマン国際経済学　理論と政策　上：貿易編（原書第10版）』第5章
　「資源と取引：ヘクシャー＝オリーン・モデル」、第6章「標準貿易モデ
　ル」丸善出版

第7章

貿易政策と社会厚生の変化

> **目的**
>
> 　保護貿易は効率的な資源配分をゆがめるため、自由貿易に比べると社会厚生が下がります。自由貿易の恩恵は、各国が比較優位にあるモノを生産するために生じます。しかし、保護貿易を行うと比較優位にないモノの生産が増えるため、資源を効率的に活用しなくなることを学びます。

　保護貿易とは、外国の産業との競争から国内の産業を保護・育成するための貿易政策です。国内産業を保護すると、国内の雇用が維持されます。そうした保護貿易政策の代表例が**関税**です。輸入品に税金を課すとその価格が高くなり、海外生産者は国内生産者に比べて不利になります。保護貿易は国策の観点からはよさそうに思えます。しかしメディアではしばしば、保護貿易はよくないという論調を見かけます。

　本章では、保護貿易がよくないとされる理由についてみていきます。なぜ自由貿易の方がよいとされているのでしょう。自由貿易の場合と保護貿易の場合の社会厚生を比べながら考えていきます。

　たとえば、日本が輸入食品に関税をかけるとしましょう。すると、国内の

食品価格は上昇します。ただし、ここでは同一商品である（たとえばサバ缶の）国産と輸入物のいずれも一律に価格が上昇するとします。輸入物のサバ缶の値段が高いので、国産を販売する業者も高値でも売れるだろうと想定するわけです。その結果、食品（サバ缶）の生産は増えます。今まで100円で売っていた食品が関税をかけた後には120円になったとすると、一見、その商品の価値が上がったような感じになるからです。

しかし、こうした生産は国内の資源を有効に活用していません。自由貿易による恩恵は、それぞれの国が相対的に得意な（比較優位にある）モノを生産することによって生じていました。

しかし関税を導入すると、日本は食品の生産に不向きであるにもかかわらず、その生産量を増やすことになります。つまり、食品に関税を課すと自由貿易（関税導入以前）のときの食品の生産量よりも多くの食品を生産するようになるのです。

すると、自由貿易のもとで達成されていた効率的な資源配分をゆがめてしまうことになります。このため自由貿易の場合と比べると、保護貿易の場合には社会厚生が下がってしまうことになるのです。

問題1

韓国ではコンピューターの輸入に関税を課していましたが、その関税を引き下げることにしました。韓国による貿易量の変化は、国際市場での価格決定に影響を与えない（＝小国の仮定）とします。また、韓国製のコンピューターは、外国製と同じ品質とします。次の選択肢のうち、もっとも適切な記述はどれでしょう。

① 消費者だけでなく、国内でコンピューターをつくっている生産者にも好ましい。

② 消費者にはよいが、国内でコンピューターをつくっている生産者には好ましくない。

③ 消費者だけでなく、国内でコンピューターをつくっている生産者にも好ましくない。

④ 消費者にはよくないが、国内でコンピューターをつくっている生産者には好ましい。

⑤ いずれでもない。

解答1 正解②

　初学者に講義をしていると、「関税とは何ですか？」という質問を受けます。まずは、イメージがわくように数値例を使って考えてみましょう。

Ⅰ　貿易がない場合

　韓国は外国からコンピューターを輸入しています。コンピューターの品質はどれも同じなので韓国製も外国製もすべて＄1000で売られています。ここでは輸送費を無視しているので、海外市場でも韓国市場でも同じ価格とします。同じモノはどの市場であっても同じ価格で売られることは、一物一価といわれます。

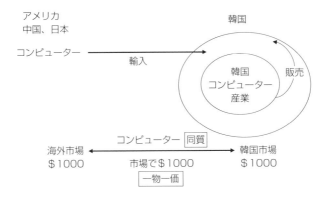

Ⅱ　関税が50％の場合

　もし、輸入したコンピューターに50％の関税がかけられるとすると、輸入

66

品の販売価格は＄1500になります。こうした関税は、外国製のコンピュータ
ーの輸入によって市場で競争にさらされている国内のコンピューター産業を
保護するために使われます。

　50％の関税が導入されると、韓国製のコンピューターも韓国において
＄1500で販売されるようになります。輸入品と同品質なので同じ価格で販売
されるわけです。

　このように、関税があると、仮に外国製のコンピューターが安いとしても、
それと競争して韓国製のコンピューターを安く売らなくてよくなります。韓
国政府の関税によって韓国のコンピューター産業は助けられているのです。
こうした政策のことを**保護貿易**といいます。

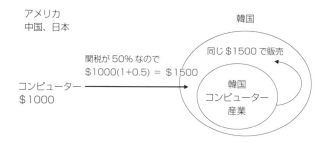

Ⅲ　関税が25％に低下した場合

　関税率が50％から25％に低下すると、輸入品の価格は＄1500から＄1250に
変わります。このため、韓国製のコンピューターも韓国において＄1250で販
売されるようになります。コンピューターの価格が下がってしまうので、韓
国のコンピューター産業にとってはよい話ではありませんが、コンピュータ
ーを安く買えるようになる消費者にとっては好ましいことになります（次頁
の図）。

　関税とは何かを理解したところで、別の問題を解いてみましょう。少し複
雑になります。

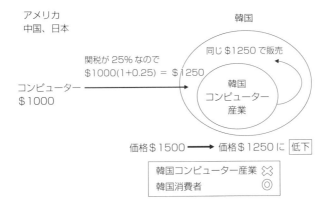

問題2

　これまでと同様に、2国・2財のヘクシャー・オリーン・モデルで考えます。アメリカと中国が、食品と鉄鋼を生産・貿易している世界を考えます。中国はアメリカから食品を輸入し、鉄鋼を輸出しているとします。自由に貿易を行っている状態から、中国が食品の輸入に関税を課したとします。次の記述のうち、もっとも適切な選択肢はどれでしょう。ただし、中国による貿易量の変化は、国際市場での価格決定に影響を与えない（＝小国の仮定）とします。

【問1】
① 中国の社会厚生が改善する。
② 中国の社会厚生は悪化する。
③ 中国の社会厚生に変化はない。
④ 中国とアメリカの社会厚生が改善する。
⑤ いずれでもない。

【問2】

① 鉄鋼の輸出が減る。

② 鉄鋼の輸出が増える。

③ 鉄鋼の輸出に変化はない。

④ 資源が効率的に使用される。

⑤ いずれでもない。

解答2

【問1】 正解②

【問2】 正解①

　イメージがわくように、数値例を使って考えてみましょう。

I　自由貿易

　まず、自由に貿易をしている場合、食品の価格が＄10、鉄鋼の価格が＄50とします。図に描くと次頁の上の図のようになります。

II　関税が150％の場合

　150％の関税が導入されると、国際市場で販売される食品の価格は10のままですが、中国国内で販売される食品の価格は＄25に変化します。一方、鉄鋼の価格は＄50と変わりません。図に描くと次頁の下の図のようになります。①は等価値線、②は予算制約線、③は輸出金額＝輸入金額の条件を表しています。

　これまで一緒に描かれていた予算制約線は、等価値線よりも外側に平行移動した位置にあり、より高い購買力を示しています。これは、このモデルでは関税収入を消費者に再配分すると仮定しているからです。また、点線③は輸出で稼いだお金を使って輸入を行うという仮定を表し、その傾きは国際市場での相対価格比－5になっています。実はこの仮定は、自由貿易でも想定

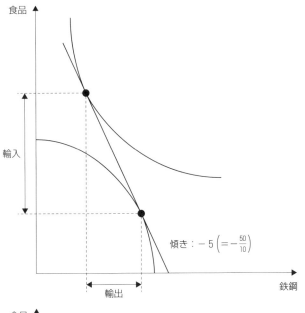

傾き：$-5\left(=-\dfrac{50}{10}\right)$

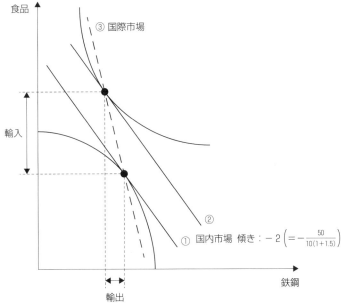

③ 国際市場

① 国内市場　傾き：$-2\left(=-\dfrac{50}{10(1+1.5)}\right)$

されていましたが、国内市場での価格比と国際市場での価格比が同じである場合には、点線③が等価値線や予算制約線と同じ傾きであったため、一本の直線として描かれていただけなのです。

Ⅲ　自由貿易と関税の比較

　自由貿易の場合と関税が課せられた場合の図を一緒に描いたものが以下の図です。添え字のFは自由貿易を、Tは関税を示しています。Dは最適な消費の組み合わせ、Sは最適な生産の組み合わせを示しています。また、Uはそれぞれの場合の社会厚生を表しています。

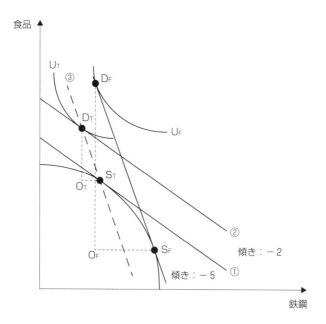

　問1については、U_FがU_Tよりも右上に位置していることから、自由貿易の方が高い社会厚生であることがわかります。関税を導入すると社会厚生が悪化するのです。

　問2については、自由貿易の場合の貿易の三角形△$O_F D_F S_F$、関税後の貿易の三角形△$O_T D_T S_T$を比べると、関税後にその面積が小さくなっていま

す。関税をかけると貿易量が減ってしまうのです。

　食品の輸入に関税をかけたので、価格の上がる食品の輸入量が減ることはわかります。では、どうして鉄鋼の輸出も減るのでしょうか。食品への関税は国内における食品価格を上げるため、中国国内ではより多くの食品が生産されるようになります。その結果、国内資源が鉄鋼から食品の生産へシフトし、鉄鋼の生産が減ってしまうのです。関税の導入によって効率的な資源配分がゆがめられてしまうわけです。

　効率的な資源配分がゆがめられて貿易が縮小すると、自由貿易と比べて貿易の恩恵を享受できなくなります。関税を導入すると社会厚生が低下することもうなずけます。

教科書ガイド

『国際経済学へのいざない（第 2 版）』第 8 章「保護貿易」日本評論社

『クルーグマン国際経済学　理論と政策　上：貿易編（原書第10版）』第 9 章「貿易政策のツール」、第10章「貿易政策の政治経済」、第11章「発展途上国の貿易政策」丸善出版

第8章

技術進歩と交易条件の変化

目的

　貿易量の調整が国際市場での価格付けに影響するような国を、国際経済学では**大国**といいます。こうした国の貿易政策を考えます。**小国**の場合とは異なり、大国の場合には保護貿易がよい可能性があることを学びましょう。

　本章では、大国の政策効果をめぐる議論に適用される考え方をみていきます。小国の議論と異なるところは、大国による貿易量の調整は国際市場での価格に影響を与えることです。

　こうした価格への影響を分析するため、交易条件という概念を導入します。交易条件とは、ある国が当初輸出しているモノの価格を、当初輸入しているモノの価格で割ったものです。つまり、価格比になります。

　大国による貿易量の調整が起こると、この交易条件が変化することによって国の購買力が変化することがポイントです。その結果、国の社会厚生に影響を与えます。

　そのメカニズムは意外とシンプルです。本章でも用いられるヘクシャー・オリーン・モデルでは、輸出で稼いだお金を使って輸入をしています。

74

　このとき、輸出しているモノの相対価格が上がると、この国の購買力について どのようなことがいえるでしょうか？

　この国は、今までと同じ量のモノを輸出していても、より多くのモノを輸入できるようになります。ざっくりいうと、輸出しているモノの相対価格が上がると購買力が上がるという意味で、その国はお金持ちになります。そして、今までに消費できなかったようなモノの組み合わせを消費できるようになるので、消費者の効用が上がるのです。

　このため、輸出しているモノの価格が上がると、その国にとってはいいことだという議論があります。逆に輸入しているモノの価格が上がると、その国の厚生が下がるので悪いことになります。

　この議論の政策的な含意は、大国の場合には自国の交易条件を有利にする（輸出するモノの価格が上がる）ような保護貿易をすればいいことになります。社会厚生が改善するからです。自由貿易を推奨する前章とは異なり、保護貿易を容認する結果となります。

　また、この議論と関連して技術進歩の効果も考察できます。もし、輸出産業において技術進歩があった場合、その影響は複雑です。モノを安くつくれるようになるので交易条件が悪化してしまうからです。最終的な社会厚生の変化は、技術進歩の恩恵と交易条件の悪化のトレードオフによって決まります。

問題1

　ヘクシャー・オリーン・モデルにおいて、食品とコンピューターの２つの財が生産されている世界を考えます。食品は労働集約的な財で、コンピューターは資本集約的な財とします。また、アメリカは相対的に資本が豊富な国であり、メキシコは相対的に労働が豊富な国とします。

　アメリカではコンピューターの生産に有利な技術進歩が起こり、コンピューター産業が成長する一方で食品産業は衰退しました。貿易相手国であるメ

キシコが食品の輸出国であるとすると、次の記述のうち適切なものはどれで
しょう。

【問 1 】
① メキシコの交易条件が悪化した。
② メキシコの交易条件が改善した。
③ 交易条件に変化はなかった。
④ 食品の相対価格が低下した。
⑤ いずれでもない。

【問 2 】　それぞれの国の社会厚生について、どのようなことがいえるでしょ
う。

解答 1

【問 1 】　正解②

　ヘクシャー・オリーン定理より、アメリカの輸出品はコンピューターです。
アメリカの**交易条件**は、アメリカの輸出品の価格÷輸入品の価格です。この
数値が大きい方がよいとされています（その理由は問 2 の解答を参照）。

　たとえば、イメージがわきやすいように数値例を使って、コンピューター
の価格を＄ 2 、食品の価格を＄ 1 とすると、当初の交易条件は 2 （＝ 2 / 1 ）
となります。このとき、アメリカの社会厚生は次頁の図の①で示されていま
す。ここで、コンピューターの生産に有利な技術進歩が起こると、より多く
のコンピューターを生産できるようになります。その結果、コンピューター
の輸出は増えて、その価格は低下します。たとえば、コンピューターの価格
が＄ 1 に変わったとすると、交易条件は 1 （＝ 1 / 1 ）となります。アメリ
カでは、交易条件が 2 から 1 に悪化するのがわかります。このときのアメリ
カの社会厚生は次頁の図の②で示されています。

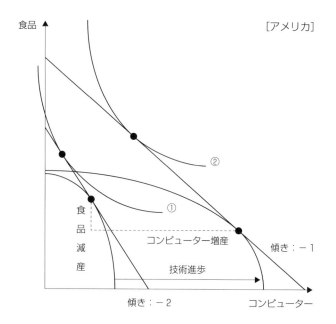

一方、メキシコでは食品が輸出品です。上記と同様にコンピューターの価格を＄2、食品の価格を＄1とすると、メキシコの交易条件は1／2となります。このとき、メキシコの社会厚生は次頁の図の①で示されています。アメリカでコンピューターの生産に有利な技術進歩が起こり、コンピューターの価格が＄1に変わったとすると、メキシコの交易条件は1（＝1／1）となります。メキシコでは、交易条件が1／2から1へ改善しているのがわかります。このときのメキシコの社会厚生は次頁の図の②で示されています。

【問2】 このモデルでは、輸出で稼いだお金を使って輸入を行うと想定しています。このため、輸出品の相対価格が上がると、今までと同じ量を輸出していても、より多く輸入できるようになります。輸出している財の相対価格が上がると、その国の購買力が上がるのです。輸入できる財の量が増え、以前には消費できなかったような財の組み合わせを消費できるようになるので、消費者の効用が上がります。

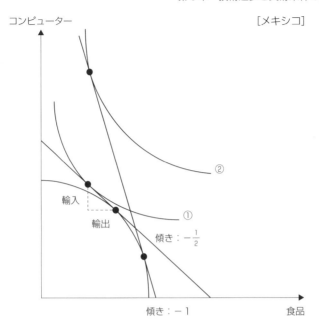

コンピューター　　　　　　　　　　　　　　[メキシコ]

輸入

輸出

②

①

傾き：$-\frac{1}{2}$

傾き：-1

食品

　メキシコの図にはその様子が描かれています。上の図を見ると、社会厚生が①から②に改善しているのがわかります。

　一方、アメリカの場合は少し複雑です。2つの相反する効果を考慮するからです。まず、交易条件が悪化するデメリットです。もう1つは、技術進歩によるメリットです。前頁の図では、後者のメリットが前者のデメリットを上回る場合が描かれています。このため、社会厚生が①から②に改善しています。ただ、前者のデメリットが後者のメリットを上回る場合には、社会厚生が低下する可能性もあります。

問題2

　関税政策の影響について、次の記述のうちもっとも適切な選択肢はどれでしょう。

① 関税をかけると、その国の社会厚生はかならず悪化する。

② 関税で保護されると、その国の社会厚生はかならず改善する。

③ 国際経済学でいうところの大国が関税をかけると、その国の社会厚生が改善する可能性がある。

④ 関税によって社会厚生を改善するには、国際経済学でいうところの大国は関税率を高くするとよい。

⑤ 国際経済学でいうところの小国であっても、関税率が低ければ、社会厚生が改善する。

解答2　正解③

　小国でも大国でも、関税をかけると国内での資源配分が効率的でなくなり、社会厚生が悪化します（効果A）。ただし、大国の場合には交易条件の変化を通じて、社会厚生を改善させることができます（効果B）。このため、大国の場合にはBの効果がAの効果よりも大きければ社会厚生が改善します。交易条件の変化がない小国の場合には、効果Bは起こりません。

　大国の場合、関税率をあまり高く設定しなければ、Bの効果がAの効果よりも大きくなることが知られています（**最適関税論**）。ただ、こうした政策は相手国の犠牲の上に成り立つので、政治的な問題をはらんでいます。

教科書ガイド

『国際経済学へのいざない（第2版）』第9章「大国の政策」日本評論社

『クルーグマン国際経済学　理論と政策　上：貿易編（原書第10版）』第5章「資源と取引：ヘクシャー＝オリーン・モデル」、第9章「貿易政策のツール」、第10章「貿易政策の政治経済」、第11章「発展途上国の貿易政策」丸善出版

第9章

新しい貿易論と規模の経済

目的

　食品とコンピューターのように2つの異なる財が交易される**産業間貿易**でなく、BMWとトヨタやホンダの自動車のように、同じ財でも異なる種類が交易される**産業内貿易**について学習しましょう。

　本章では新しい貿易理論を扱います。これまで習った貿易理論は、国家間の違いに重点をおいていました。たとえば、リカード・モデルであれば、それぞれの国の技術力の違い、ヘクシャー・オリーン・モデルであれば、それぞれの国の要素賦存量の違いです。

　国家間に違いがあると、生産するのが得意なモノとそうでないモノが出てきます。たとえば、コンピューターの生産には向いているけれど、農産物の生産には向いていないという具合です。そこで、貿易によって、それぞれの得意分野と不得意分野を補い合えば、厚生が改善するというのが、これまでみてきたモデルの結論です。

　国家間の違いに重点をおいている貿易論は、間違ったものではありません。しかし、現実の貿易で大部分を占めている先進国間の貿易を考える場合には、

あまり都合がよくありません。なぜなら、先進国間の要素賦存量や技術力は比較的似ており、先進国間の貿易は、同じ種類のモノが取引されているからです。

たとえば、日本とヨーロッパの間では、日本がトヨタやホンダなどの車をヨーロッパに輸出する一方、ヨーロッパからはフォルクスワーゲンやBMWなどの車を輸入しています。こうした同一産業（ここでは、自動車産業）内での貿易は、産業内貿易と呼ばれ、今まで学習した貿易理論ではうまく説明することができません。

産業内貿易の説明に適しているのが、新しい貿易理論と呼ばれるものです。新しいといっても、突飛な提言をするわけではありません。貿易をしないよりも貿易をした方がいいという結論は、リカード・モデルやヘクシャー・オリーン・モデルと変わりません。ただ、その理由が違います。

1つの国でいろいろな種類のモノを生産するより、1種類のモノを集中的に生産すると、限られた資源（労働者など）を有効活用できるので、大量に生産できます（規模の経済といいます）。大量生産した後、外国で生産された他の種類のモノと交換すれば、多様なモノをより多く消費できるようになるわけです。

日本だからといって、日本車だけに乗るわけではなく、外国の車に乗る選択肢が増えるという意味で、貿易の恩恵を享受することになります。

問題1

日本とアメリカが果物（すいかまたはメロン）を生産している世界を考えます。両国とも果物の生産において、表のような技術水準であったとします。話を単純にするために、生産に必要な要素は労働だけとしましょう。

それぞれの国には労働者である市民が40人います。消費者でもある市民は、同じ数量のすいかとメロン（たとえば、両方とも2 kgずつ）を消費するとします。すいかだけを食べると飽きてしまうし、メロンばかり食べても同様

すいかまたはメロンの生産	生産に必要な労働者数
1 kg	12 人
2 kg	20 人
3 kg	24 人
4 kg	28 人
5 kg	32 人
6 kg	36 人
7 kg	40 人

です。バランスよく両者を消費するのを好みます。

　この設定で、以下の問いに答えてみましょう。ただし、両国で市場規模、消費者の嗜好、生産技術水準は同じとします。

【問 1】 両国の生産技術について適切な選択肢はどれでしょうか。
① 規模に関して収穫一定
② 規模に関して収穫逓増
③ 規模に関して収穫逓減

【問 2】 貿易がない場合（＝閉鎖経済）、消費者の嗜好を満たしながらできるだけ多くの果物を消費するためには、すいかとメロンはそれぞれ何 kg ずつ生産したらよいでしょうか。
① 日本もアメリカもすいかを 2 kg とメロンを 2 kg。
② 日本もアメリカもすいかを 3 kg とメロンを 1 kg。
③ 日本はメロンを 7 kg、アメリカはすいかを 7 kg。
④ 日本はすいかを 7 kg、アメリカはメロンを 7 kg。
⑤ 日本はすいかを 5 kg、アメリカはメロンを 3 kg。

【問 3】 それぞれの国はどの果物の生産に比較優位があるでしょうか。

82

① 日本はすいか

② 日本はメロン

③ 日本はすいかとメロン

④ アメリカはメロン

⑤ いずれでもない

【問4】日本がすいかだけを生産（＝完全特化）し、アメリカがメロンの生産に完全特化した場合、それぞれの国は果物を最大で何 kg 生産できるでしょうか。

① 日本はすいかを 2 kg、アメリカはメロンを 2 kg。

② 日本はすいかを 3 kg、アメリカはメロンを 6 kg。

③ 日本はすいかを 6 kg、アメリカはメロンを 3 kg。

④ 日本はすいかを 7 kg、アメリカはメロンを 7 kg。

⑤ 日本はすいかを 5 kg、アメリカはメロンを 3 kg。

【問5】問4の生産の後、両国で貿易が行われ、すいか1 kgとメロン1 kgが交換されるとします。閉鎖経済に比べて、どの国が貿易による恩恵を享受するでしょうか。

① 日本のみ

② アメリカのみ

③ 日本とアメリカの両方

④ いずれでもない

【問6】問4では日本がすいか、アメリカがメロンの生産に特化していますが、もし日本がメロン、アメリカがすいかの生産に特化する場合、問5の解答はどのように変わりますか。

① 日本のみ

② アメリカのみ

③　日本とアメリカの両方
④　いずれでもない

【問 7】　貿易が可能だとして、より多くの果物を消費するには、それぞれの
国はどの果物をつくったらよいでしょうか。
①　日本はすいか、アメリカはメロン
②　日本はメロン、アメリカはすいか
③　日本がすいかとメロン
④　アメリカがすいかとメロン
⑤　いずれでもない

解答 1

【問 1】　正解②

　表より果物を 1 kg 生産するのに必要な労働者は12人です。もし、労働者
を 2 倍の24人にしたら 3 kg の果物を生産できます。生産に必要な労働者数
を 2 倍にしたとき、生産量が 2 倍以上に増加しているので、**規模に関して収
穫逓増**に相当します。農場のように、ある程度の初期投資が必要な場合には
生産規模を拡大すればするほど生産量が増えることがあります。

【問 2】　正解①

　同じ数量のすいかとメロンを消費する市民の需要を満たすため、いずれの
国でも40人の労働者のうち20人をすいか、残りの20人をメロンの生産に振り
分けます。その結果、いずれの国でも、すいかを 2 kg とメロンを 2 kg 生
産します。

【問 3】　正解⑤

　どの果物でもありません。両国において生産技術は同じであり、日本、も

しくはアメリカが技術的にどちらかの果物の生産に適しているわけではないからです。

【問4】正解④

日本では40人の労働者がすべてすいかの生産を行うので7 kg、アメリカでも40人の労働者がすべてメロンの生産を行うので7 kgです。

【問5】正解③

閉鎖経済を開放経済と比べると、いずれの国でも貿易後の果物の消費量が増えるため、両国とも貿易による恩恵を享受します。貿易がない場合より貿易がある場合の方がよいことが、以下のようにしてわかります。

閉鎖経済

自給自足の閉鎖経済では（生産量＝消費量）となるため、すいかを2 kg、メロンを2 kg消費します。

	すいか	メロン
日本	2	2
アメリカ	2	2

開放経済

完全特化の場合、すいかの生産量は7 kg、メロンの生産量も7 kgです。

	すいか	メロン
日本	7	0
アメリカ	0	7

もし日本がすいか3.5kgをアメリカに輸出し、メロン3.5kgをアメリカから輸入すると、それぞれの国ですいか3.5kgとメロン3.5kgを消費できます。

	すいか	メロン
日本	3.5	3.5
アメリカ	3.5	3.5

　閉鎖経済における消費量を開放経済における消費量と比較してみましょう。いずれの国においても、果物の消費量が 2 kg から3.5kg に増えています。

	貿易前		貿易後	
	すいか	メロン	すいか	メロン
日本	2	2	3.5	3.5
アメリカ	2	2	3.5	3.5

【問 6】 正解③

　解答は変わりません。以下で確かめてみましょう。

開放経済

　完全特化の場合、すいかの生産量は 7 kg、メロンの生産量も 7 kg です。

	すいか	メロン
日本	0	7
アメリカ	7	0

　もし日本がメロン3.5kgをアメリカに輸出し、すいか3.5kgをアメリカから輸入すると、それぞれの国ですいか3.5kgとメロン3.5kgを消費できます。

	すいか	メロン
日本	3.5	3.5
アメリカ	3.5	3.5

　閉鎖経済における消費量を開放経済における消費量と比較してみましょう。

86

いずれの国においても、果物の消費量が2 kg から3.5kg に増えています。

	貿易前		貿易後	
	すいか	メロン	すいか	メロン
日本	2	2	3.5	3.5
アメリカ	2	2	3.5	3.5

　1つの国で、すいかとメロンという2種類の果物を生産するより、1つの国で1種類の果物を生産した後に、生産していない果物と交換して2種類の果物を消費する方が効率のよいことがわかります。これは生産技術が規模に関して収穫逓増だからです。2種類の果物を別々につくるより、1つの果物の生産に完全特化して、限られた労働を有効に活用すれば、大量に生産できます。その後、外国で生産された別の果物と交換すれば、2種類の果物をより多く消費できるわけです。

【問7】正解⑤
　どちらの果物の生産に特化しても結果は変わりません。このため、特化のパターンは歴史的な偶然で決まると解釈されています。

問題2

　日本とアメリカが果物（すいかまたはメロン）を生産している世界を考えます。両国とも、果物の生産において、次頁の表のような技術水準であったとします。話を単純にするために、生産に必要な要素は労働だけとしましょう。

すいかまたはメロンの生産	生産に必要な労働者数
1 kg	12人
2 kg	24人
3 kg	36人
4 kg	48人
5 kg	60人
6 kg	72人
7 kg	84人

　それぞれの国には労働者である市民が48人います。消費者でもある市民は、同じ数量のすいかとメロン（たとえば、両方とも2 kgずつ）を消費するとします。すいかだけを食べると飽きてしまうし、メロンばかり食べても同様です。バランスよく両者を消費するのを好みます。

　この設定で、以下の問いに答えてみましょう。ただし、両国で市場規模、消費者の嗜好、生産技術水準は同じとします。

【問1】両国の生産技術について適切な選択肢はどれでしょうか。
① 規模に関して収穫一定
② 規模に関して収穫逓増
③ 規模に関して収穫逓減

【問2】貿易がない場合（＝閉鎖経済）、消費者の嗜好を満たしながらできるだけ多くの果物を消費するためには、すいかとメロンはそれぞれ何 kgずつ生産したらよいでしょうか。
① 日本もアメリカもすいかを2 kgとメロンを2 kg。
② 日本もアメリカもすいかを3 kgとメロンを1 kg。
③ 日本はメロンを7 kg、アメリカはすいかを7 kg。
④ 日本はすいかを7 kg、アメリカはメロンを7 kg。

88

⑤ 日本はすいかを 5 kg、アメリカはメロンを 3 kg。

【問3】 日本がすいかだけを生産（＝完全特化）し、アメリカがメロンの生産に完全特化した場合、それぞれの国は果物を最大で何 kg 生産できるでしょうか。
①日本はすいかを 2 kg、アメリカはメロンを 2 kg。
②日本はすいかを 3 kg、アメリカはメロンを 6 kg。
③日本はすいかを 6 kg、アメリカはメロンを 3 kg。
④日本はすいかを 7 kg、アメリカはメロンを 7 kg。
⑤日本はすいかを 4 kg、アメリカはメロンを 4 kg。

【問4】 問3の生産の後、両国で貿易が行われ、すいか 1 kg とメロン 1 kg が交換されるとします。閉鎖経済に比べて、どの国が貿易による恩恵を享受するでしょうか。
① 日本のみ
② アメリカのみ
③ 日本とアメリカの両方
④ いずれでもない

解答2

【問1】 正解①

　表より果物を 1 kg 生産するのに必要な労働者は12人です。もし、労働者を 2 倍の24人にしたら 2 kg の果物を生産できます。生産に必要な労働者数を 2 倍にしたとき、生産量が 2 倍に増加しているので、**規模に関して収穫一定**に相当します。

【問2】 正解①

　同じ数量のすいかとメロンを消費する市民の需要を満たすため、いずれの国でも48人の労働者のうち、24人をすいか、残りの24人をメロンの生産に振り分けます。その結果、いずれの国でもすいかを 2 kg とメロンを 2 kg 生産します。

【問 3 】正解⑤

　日本では48人の労働者がすべてすいかの生産を行うので 4 kg、アメリカでも48人の労働者がすべてメロンの生産を行うので 4 kg です。

【問 4 】正解④

　閉鎖経済を開放経済と比べると、いずれの国でも貿易後の果物の消費量は変わらないため、両国とも貿易による恩恵がありません。貿易をしなくてもよいことがわかります。この例のように規模の経済が生じない場合には、貿易の恩恵はありません。以下でこの点を確かめてみましょう。

閉鎖経済

　自給自足の閉鎖経済では（生産量＝消費量）となるため、すいかを 2 kg、メロンを 2 kg 消費します。

	すいか	メロン
日本	2	2
アメリカ	2	2

開放経済

　完全特化の場合、すいかの生産量は 4 kg、メロンの生産量も 4 kg です。

	すいか	メロン
日本	4	0
アメリカ	0	4

　もし日本がすいか 2 kg をアメリカに輸出し、メロン 2 kg をアメリカから輸入すると、それぞれの国ですいか 2 kg とメロン 2 kg を消費できます。これは閉鎖経済の場合と同じ消費量です。

	すいか	メロン
日本	2	2
アメリカ	2	2

教科書ガイド

『国際経済学へのいざない（第 2 版）』第10章「産業内貿易と政策」日本評論社

『クルーグマン国際経済学　理論と政策　上：貿易編（原書第10版）』第 7 章「規模の外部経済と生産の国際立地」丸善出版

第10章

戦略的貿易論とナッシュ均衡

> **目的**
>
> 戦略的貿易論で重要な概念である**ナッシュ均衡**の求め方について学習しましょう。相手の行動を想定して自分に最適な行動を決定した場合、自分の行動を変えるような誘因がない状態をナッシュ均衡といいます。

　本章では、ゲーム理論的アプローチを取り入れた戦略的貿易論を扱います。本章で学ぶモデルは、前章までのモデルとまったく違うものです。自国以外の相手国との関係性を考慮するからです。もう少しきちんといえば、前章までに学習したリカード・モデルやヘクシャー・オリーン・モデルとの大きな違いは、相手国のとる政策（つまり、戦略）を想定し、それを織り込んで自国の政策を決定するということです。

　ゲーム理論を学ばれたことのない人は、戦略という概念をはじめて聞くかもしれません。戦略という考え方は、企業を例にとるとわかりやすいでしょう。たとえば、ホンダ自動車が市場を独占しているとします。このとき、自社の利益を最大化するために何台の自動車を生産すればよいかという議論は、自己完結的なものになります。どのくらいの値段で車を欲しい人が何人いる

92

かがわかっていれば、生産に必要な費用を勘案することで最適な生産量を決められるからです。

　しかし、トヨタ自動車や日産自動車などのライバル会社が存在していると話は変わります。1社が市場を独占しているときに、その利潤を最大化するような生産量では、価格が高くなってしまいます。そのような価格設定では、トヨタ自動車や日産自動車に顧客を奪われてしまうでしょう。トヨタ自動車や日産自動車の動向をうかがう必要がでてきます。つまり、ライバル会社がどのような生産戦略をとるかによって、自社がとる最適な生産量も変わってくるわけです。

　また、日常生活でわかりやすい戦略の例としてはジャンケンがあります。グーが常に最適の戦略（＝必勝法）かというと、そうではありません。相手が何をだすかによって自分の最適戦略も変わってきます。

　同様のことが、国家の貿易政策を考える場合にもいえるのです。戦略的貿易論では、相手国の戦略を議論に導入するため、相手国のとる戦略によって自国にとって最適な貿易政策が変わってきます。これが戦略的貿易論を学ぶ上で大事な点です。

　すると、前章までの結論（自由貿易を選択すべきだ）が、かならずしも成り立たない可能性がでてきます。相手国を信頼できないときには、保護貿易を選ぶ方が望ましいこともあるのです。

問題1

　アメリカと中国は貿易を行っており、それぞれの国は自由貿易と保護貿易という貿易政策の選択肢があるとします。

　次頁の表で、それぞれのセルの最初の数字はアメリカの利得、2つ目の数字は中国の利得を表します。たとえば、アメリカが自由貿易を選択し中国は保護貿易を選択する場合、アメリカの利得は0、保護貿易の恩恵を享受する中国の利得は5兆ドルとなります。

中国

		自由貿易	保護貿易
アメリカ	自由貿易	4, 4	0, 5
	保護貿易	5, 0	2, 2

　2国がそれぞれの政策を同時に決定するとします。このとき、アメリカ政府は中国政府がどちらの政策を選択するかわかりません。中国政府も、アメリカ政府がどちらの政策を選択するかはわかりません。

【問1】いずれの政府も自国の利得を最大化したいとすると、どのような政策の組み合わせがナッシュ均衡になるでしょう。ただし、以下の選択肢では、(アメリカの政策, 中国の政策) とします。

① (保護貿易, 保護貿易)

② (保護貿易, 自由貿易)

③ (自由貿易, 保護貿易)

④ (自由貿易, 自由貿易)

⑤ いずれでもない

【問2】ある国 (たとえば、アメリカ) において、ナッシュ均衡で選択されている政策 (たとえば、保護貿易) から、もう一方の政策 (たとえば、自由貿易) に変更すると、その国の利得にどのような変化がありますか。

【問3】両国とも自由貿易を選択する政策は維持できるでしょうか。もしそうでないとすれば、その理由を考えてみましょう。

① 維持できる

② 維持できない

③ いずれでもない

解答 1

【問1】 正解①

　まず、アメリカの最適政策から考えていきます。アメリカの最適政策は、中国の政策によって変わってきます。このため、中国が自由貿易の場合と保護貿易の場合を分けて考えなければなりません。

〈1〉中国が自由貿易を選択する場合、中国が保護貿易を選択する場合にあたる縦の列は考慮しなくて構いません。下記の表のように、中国が自由貿易を選択する縦の列だけを考えることになります。このとき、アメリカは利得4と5を比べて、5の方が大きな利得なので保護貿易を選択することになります。

<table>
<tr><td></td><td></td><td>中国</td></tr>
<tr><td></td><td></td><td>自由貿易</td></tr>
<tr><td rowspan="2">アメリカ</td><td>自由貿易</td><td>4 4</td></tr>
<tr><td>保護貿易</td><td>5 0</td></tr>
</table>

〈2〉中国が保護貿易を選択する場合、中国が自由貿易を選択する場合にあたる縦の列は考慮しなくて構いません。下記の表のように、中国が保護貿易を選択する縦の列だけを考えることになります。このとき、アメリカは利得0と2を比べて、2の方が大きな利得なので保護貿易を選択することになります。

<table>
<tr><td></td><td></td><td>中国</td></tr>
<tr><td></td><td></td><td>保護貿易</td></tr>
<tr><td rowspan="2">アメリカ</td><td>自由貿易</td><td>0 5</td></tr>
<tr><td>保護貿易</td><td>2 2</td></tr>
</table>

　次に、中国の最適政策について考えましょう。中国の最適政策は、アメリ

カの政策によって変わってきます。このため、先程と同様にアメリカが自由
貿易の場合と保護貿易の場合を分けて考えなければなりません。

〈3〉アメリカが自由貿易を選択する場合、アメリカが保護貿易を選択する
場合にあたる横の行は考慮しなくて構いません。下記の表のように、アメリ
カが自由貿易を選択する横の行だけを考えることになります。このとき、中
国は利得4と5を比べて、5の方が大きな利得なので保護貿易を選択するこ
とになります。

		中国	
		自由貿易	保護貿易
アメリカ	自由貿易	4 ④	0 ⑤

〈4〉アメリカが保護貿易を選択する場合、アメリカが自由貿易を選択する
場合にあたる横の行は考慮しなくて構いません。下記の表のように、アメリ
カが保護貿易を選択する横の行だけを考えることになります。このとき、中
国は利得0と2を比べて、2の方が大きな利得なので保護貿易を選択するこ
とになります。

		中国	
		自由貿易	保護貿易
アメリカ	保護貿易	5 ⓪	2 ②

　こうして両国が戦略的に最適な政策を選択すると、お互いに保護貿易を選
択する結果になります。これが**ナッシュ均衡**になります。

【問2】アメリカはナッシュ均衡で保護貿易を選択し、その利得は2です。
中国が保護貿易を維持したままでアメリカが自由貿易に変更すると、アメリ
カの利得は0に下がります。

　同様に、中国はナッシュ均衡で保護貿易を選択し、その利得は2です。ア
メリカが保護貿易を維持したままで中国が自由貿易に変更すると、中国の利

96

得は0に下がります。

　お互いに別の政策に変える誘因がないことがわかります。ナッシュ均衡は、自分の政策を変えても恩恵がないような状態なのです。

【問3】正解②

　この設問の設定では、自由貿易の政策は維持できません。アメリカも中国も最終的には保護貿易を選択し、各国の利得はそれぞれ2兆ドルとなっています。しかし、自由貿易を選択すれば両国とも利得が4兆ドルに上がるのだから、保護貿易が均衡なのはおかしいと思われるかもしれません。

　では、どうして自由貿易が最適な政策ではないのでしょう。確かに両国とも自由貿易をすれば4兆ドルの利得が得られます。しかし、いずれの国も自由貿易を堅持する誘引がありません。

　たとえば、中国が保護貿易に変更すればその利得は4兆ドルから5兆ドルに増えます。このため中国は自由貿易にとどまらず保護貿易に変更します。

		中国 自由貿易	中国 保護貿易
アメリカ	自由貿易	4 ④	0 ⑤

　中国が保護貿易に変更することが予測できるのであれば、アメリカも自由貿易を堅持するよりも保護貿易に変更した方が高い利得を得られます。中国が保護貿易に変更したときに、アメリカが自由貿易のままであればその利得は0ですが、アメリカも保護貿易に変更すればその利得は2になるからです。

		中国 保護貿易
アメリカ	自由貿易	0 5
	保護貿易	2 2

　結局、両国とも保護貿易を選択し、自由貿易を選択した場合に比べると低い利得に甘んじることになります。

　アメリカを起点としても同様なことがいえます。両国が自由貿易である場合から出発して、たとえば、もしアメリカが保護貿易に変更すればその利得は４兆ドルから５兆ドルに増えます。このためアメリカは自由貿易にとどまらず保護貿易に変更します。

　アメリカが保護貿易に変更することが予測できるのであれば、中国も自由貿易を堅持するよりも保護貿易に変更した方が高い利得を得られます。アメリカが保護貿易に変更したときに、中国が自由貿易のままであればその利得は０ですが、中国も保護貿易に変更すればその利得は２になるからです。

　結局、両国には自由貿易から保護貿易に変更する誘引があります。このため自由貿易は維持できないのです。ナッシュ均衡から別の政策に変更すると、自国の利得が増えないどころか、むしろ下がってしまうことがわかります。

教科書ガイド

『国際経済学へのいざない（第 2 版)』第11章「政府間交渉」日本評論社

『クルーグマン国際経済学　理論と政策　上：貿易編（原書第10版)』第12章
　　「貿易政策をめぐる論争」丸善出版

第11章

貿易・海外直接投資と企業の非同質性

目的

　現地で生産を行う海外直接投資は、よく貿易と関連して議論されます。本章では両者の関係についての簡単なモデルを学習しましょう。

　世の中にはいろいろなタイプの企業があります。まったく貿易をせずに国内だけで操業している企業、貿易をする企業、外国に子会社をつくって事業展開を行う多国籍企業。このように活動が違う企業が存在するのはなぜでしょうか？

　第9章で学んだ新しい貿易論は、伝統的な貿易論に、規模の経済を取り入れたことが画期的でした。私たちがいろいろな種類のモノを消費したいときに、規模の経済がはたらくように工夫すると、貿易の恩恵を受けられることを学びました。

　しかし、研究が進んでくると新しい貿易論も完全ではないことがわかりました。企業のデータを使った分析によると、新しい貿易論ではうまく説明できない状況がでてきたのです。企業によっていろいろな活動を行っているという現実です。

100

　実は、新しい貿易論では企業はどれも同じ性質（同質）として取り扱われています。しかし実際には、同じ産業内であっても企業によって大きな差があります。こうした企業間の差異（非同質性）を導入することで、貿易や海外直接投資のあり方を議論していくのが本章の目的です。

　たとえば、生産性と企業活動にはどのような関係があるのでしょうか？もし、海外で事業展開をするのであれば、海外進出にともなう多大な費用を補って余りあるほどの利潤が出せないといけません。すると、海外直接投資を行えるのは生産性の高い企業になります。一方、生産性の低い企業は国内の市場のみで活動することになります。

　それ以外にも、海外での市場規模や輸出にかかる費用はどうでしょう。企業はわざわざ海外に子会社をつくらずに国内で生産して海外に輸出することも選べます。こうした選択肢にどのような影響を与えるのでしょうか？

　前章までは自由貿易がよいのか、それとも保護貿易がよいのかといった体制（もしくは、何を輸出するのかという貿易のパターン）に関する議論が中心でした。これに対し本章では、海外と関連する経済活動はどのような形態をとるのかという議論に焦点が移っています。伝統的な国際貿易論では国家の枠組みで貿易を論じていたのに対し、企業の枠組みで貿易を考察するように変わってきているのが近年の特徴のひとつです。

問題1

　海外直接投資（FDI）を行って現地で生産するか、貿易によって国内で生産したモノを輸出するかの選択について考えます。ただし、（A）海外子会社の活動にかかる固定費用の方が、輸出にかかる固定費用よりも大きい、（B）海外子会社による販売の方が、輸出よりも利潤が大きいと仮定します。

　市場規模と利潤の関係を描いた次頁の図を見てみましょう。横軸は市場規模を表し、Oからの距離が長いほど大きな市場を意味します。同様に、縦軸は利潤を表し、Oからの距離が長いほど大きな利潤を意味します。

　市場規模と利潤の関係は、海外直接投資と輸出の場合に分けて描かれています。まず、海外直接投資の利潤線の傾きは、輸出からの利潤線の傾きよりも急になっています。これは、海外子会社による販売の方が輸出よりも利潤が大きいという仮定を反映しています。また、現地での市場規模が0である（＝販売がない）ときに、海外直接投資による利潤が負になっています。これは、海外直接投資を行うには輸出よりも多額の固定費用が生じることを反映しています。

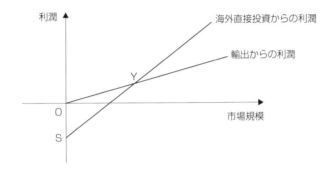

【問1】投資を受け入れている外国において労働者の賃金が高くなったとします。このとき、次の記述のうちもっとも適切な選択肢はどれでしょうか。
① 海外直接投資の利潤線の傾きが緩やかになる。
② 海外直接投資の利潤線の傾きが急になる。
③ 輸出の利潤線の傾きが緩やかになる。
④ 輸出の利潤線の傾きが急になる。
⑤ いずれでもない。

【問2】投資を受け入れている外国において労働者の賃金が高くなったとします。このとき、次の記述のうちもっとも適切な選択肢はどれでしょうか。
① 市場規模がOCよりも小さければ、海外直接投資よりも輸出で得られる利潤の方が高い。

② 市場規模が OD よりも小さければ、海外直接投資よりも輸出で得られる利潤の方が高い。

③ 市場規模が OE よりも小さければ、海外直接投資よりも輸出で得られる利潤の方が低い。

④ 市場規模が OF よりも小さければ、海外直接投資よりも輸出で得られる利潤の方が低い。

⑤ いずれでもない。

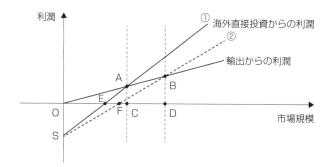

【問3】上図で、投資を受け入れている外国において労働者の賃金が高くなったとします。このとき、次の記述のうちもっとも適切な選択肢はどれでしょうか。

① 市場規模が OF よりも小さい場合には、海外直接投資は行われない。

② 市場規模が OE よりも小さい場合には、海外直接投資は行われる。

③ 市場規模が OD よりも大きい場合には、海外直接投資は行われない。

④ 市場規模が OE から OF の間にあるときには、海外直接投資は行われる。

⑤ いずれでもない。

【問4】輸出品を生産している自国において労働者の賃金が高くなったとします。このとき、次の記述のうちもっとも適切な選択肢はどれでしょうか。

① 海外直接投資の利潤線の傾きが緩やかになる。

② 海外直接投資の利潤線の傾きが急になる。

③ 輸出の利潤線の傾きが緩やかになる。

④ 輸出の利潤線の傾きが急になる。

⑤ いずれでもない。

【問5】輸出品を生産している自国において労働者の賃金が高くなったとします。このとき、次の記述のうちもっとも適切な選択肢はどれでしょうか。

① 市場規模が OC よりも小さければ、海外直接投資よりも輸出で得られる利潤の方が高い。

② 市場規模が OD よりも小さければ、海外直接投資よりも輸出で得られる利潤の方が高い。

③ 市場規模が OE よりも小さければ、海外直接投資よりも輸出で得られる利潤の方が低い。

④ 市場規模が OE と OD の間であれば、海外直接投資よりも輸出で得られる利潤の方が低い。

⑤ いずれでもない。

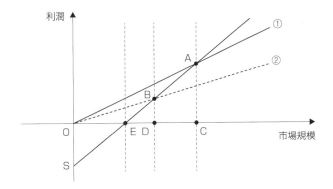

【問6】上図で、自国において労働者の賃金が高くなったとします。このとき、次の記述のうちもっとも適切な選択肢はどれでしょうか。

① 市場規模が OE よりも小さい場合には、海外直接投資は行われない。

② 市場規模が OC よりも大きい場合には、海外直接投資は行われない。

③ 市場規模が OD よりも大きい場合には、海外直接投資は行われない。

④ 市場規模が OD から OC の間にあるときには、海外直接投資は行われない。

⑤ いずれでもない。

解答1

【問1】正解①

　本書で使われている海外直接投資とは、外国に工場をつくったり、外国企業を買収したりして事業展開をすることです。正確にはそうした目的のために投資することで、対外直接投資といわれたりもします。問題1は市場へのアクセス（＝現地の市場でモノを売ること）を目的とした海外直接投資についての練習問題になっています。

　もし外国における賃金が上昇すると、同じ市場規模でも海外直接投資から得られる利潤が低下するため、海外直接投資の利潤線の傾きが緩やかになります。その様子が次頁の〔解答1問1の図〕に①から②への変化として描かれています。

【問2】正解②

　図からいくつかのことがわかります（次頁の〔解答1問2・問3の図〕を参照）。当初、海外直接投資の利潤線は、輸出の利潤線と点 A で交差しています。つまり、市場規模が OC よりも小さければ、海外直接投資よりも輸出で得られる利潤の方が高くなります。逆に、市場規模が OC よりも大きければ、輸出よりも海外直接投資で得られる利潤の方が高くなります。

　外国で賃金が上昇した後には、海外直接投資の利潤線は輸出の利潤線と点 B で交差しています。つまり、市場規模が OD よりも小さければ、海外直接

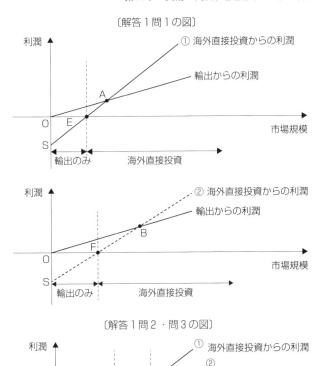

〔解答１問１の図〕

利潤

① 海外直接投資からの利潤

輸出からの利潤

A

O　E

市場規模

S

輸出のみ　　海外直接投資

利潤

② 海外直接投資からの利潤

輸出からの利潤

F　　B

O

市場規模

S

輸出のみ　　海外直接投資

〔解答１問２・問３の図〕

利潤

① 海外直接投資からの利潤

②

輸出からの利潤

A　　B

E

O　　F　C　　D

市場規模

S

投資よりも輸出で得られる利潤の方が高くなります。逆に市場規模が OD よりも大きければ、輸出よりも海外直接投資で得られる利潤の方が高くなります。

【問３】正解①

当初、市場規模が OE よりも小さい場合には海外直接投資は行われません。

海外直接投資を行うための固定費用をまかなえるほど市場が大きくないからです。

　また、外国で賃金が上昇した後には、市場規模が OF よりも小さい場合には海外直接投資は行われません。この場合には、海外直接投資を行うための固定費用をまかなえるほど市場が大きくないからです。線分 OF は線分 OE より長く描かれています。外国で生産する費用が上がったため、以前よりも市場がより大きくないと海外直接投資によって利潤を上げることができず、海外直接投資の敷居が高くなっているのがわかります。

【問4】正解③

　国内における労働者の賃金が上がると、輸出の利潤線の傾きが緩やかになります。同じ市場規模でも輸出から得られる利潤が低下するためです。その様子が次頁の図の①から②への変化として描かれています。

【問5】正解②

　当初、海外直接投資の利潤線は、輸出の利潤線と点 A で交差しています（次頁の図）。つまり、市場規模が OC よりも小さければ、海外直接投資よりも輸出で得られる利潤の方が高くなります。逆に市場規模が OC よりも大きければ、輸出よりも海外直接投資で得られる利潤の方が高くなります。

　自国で賃金が上昇した後には、海外直接投資の利潤線は、輸出の利潤線と点 B で交差しています。つまり、市場規模が OD よりも小さければ、海外直接投資よりも輸出で得られる利潤の方が高くなります。逆に市場規模が OD よりも大きければ、輸出よりも海外直接投資で得られる利潤の方が高くなります。

【問6】正解①

　市場規模が OE よりも小さい場合には、海外直接投資は行われません。海外直接投資を行うための固定費用をまかなえるほど市場が大きくないからで

〔解答１問４・問５・問６の図〕

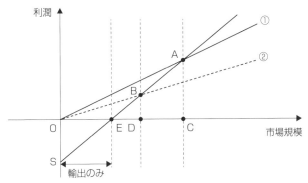

す。市場規模が OE より大きい場合には、海外直接投資からの利潤が生じるので、輸出と併用して海外直接投資を行う可能性が出てきます。また、自国の賃金の変化は、輸出の利潤線に影響を及ぼすだけで、海外直接投資を行うかどうかの判断には直接の影響はありません。

問題2

　生産性の異なる企業が、輸出をするか、海外直接投資をするかを選択する場合を考えます。生産性に基づいて企業を３つに分類します。国内市場にしか供給をしない企業、輸出をする企業、海外直接投資をする企業です。問題１と同様に、海外直接投資のための固定費用は、輸出による固定費用より高いとします。また、輸出にはいろいろな可変費用がかかりますが、海外直接投資にはこうした費用がかからないとしましょう。

　次頁の図は、企業の生産性と利潤の関係について描いたものです。問題１と違って３種類の企業を考えているので、３本の利潤線があります。それぞれ国内販売からの利潤、輸出をするときの利潤、海外直接投資をするときの利潤です。

　縦軸で示されたそれぞれの利潤線の切片の長さは、固定費用を表していま

す。たとえば、海外直接投資の場合は固定費用が高いため、線分 Os で表された負の水準が一番長く描かれています。同様に、輸出からの固定費用は線分 Ox、国内販売からの固定費用は線分 Od で表されています。国内販売の固定費用はもっとも低いため、線分 Od の長さがいちばん短くなっています。

　また、海外直接投資の利潤線の傾きは、輸出の利潤線よりも急になっています。これは可変費用がかからない海外直接投資の方が、単位当たり高い利潤を達成できることを示しています。

【問】次の記述のうち、輸出や海外直接投資の選択についてもっとも適切な選択肢はどれでしょうか。

① 点 D より生産性の低い企業は、国内市場に参入する。

② 点 D と点 X の間の生産性の企業は、輸出をする。

③ 点 S より生産性の低い企業は、海外直接投資を行わない。

④ 点 D と点 X の間の生産性の企業は、輸出と海外直接投資をする。

⑤ いずれでもない。

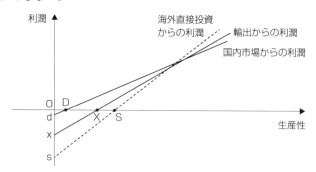

解答2

【問】正解③

　図は4つの領域に分けられます。

① 点Dより生産性の低い企業は、利潤がマイナスなので、国内市場に参入できません。もしくは国内市場より退出します。輸出や海外直接投資も行いません。

② 点Dより生産性の高い企業は、国内市場に財を供給できます。

③ 点Xより生産性の高い企業は、海外市場に輸出できます。

④ 点Sより生産性の高い企業は、海外直接投資を行えます。

　たとえば、点Dと点Xの間の生産性の企業は、国内で販売はできますが輸出はしません。輸出をしても利潤がマイナスになるだけだからです。海外直接投資も行いません。

　また、点Xと点Sの間の生産性の企業は、国内販売と輸出はできますが、海外直接投資は行いません。海外直接投資をしても利潤がマイナスになるだけだからです。

　この問題では生産性によって企業が分類されていることがポイントです。通常、教科書では企業の質が違うと書かれています。これに対し、問題1や第9章で学んだモデルでは、企業の質が同じだと仮定されています。問題2のモデルの方が、より現実的なモデルになっています。第9章で学んだモデルの延長線上にある問題2のモデルは、ヘルプマン・メリッツ・イープル・モデルと呼ばれています。

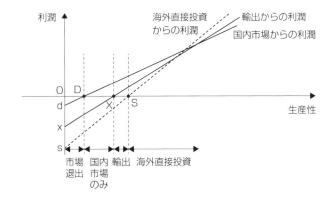

教科書ガイド

『国際経済学へのいざない（第 2 版）』第13章「企業の非同質性」、第14章
　　「フラグメンテーション」日本評論社
『クルーグマン国際経済学　理論と政策　上：貿易編（原書第10版）』第 8 章
　　「グローバル経済の企業：輸出判断、アウトソーシング、多国籍企業」
　　丸善出版

用語解説

海外直接投資（FDI）

外国に工場をつくったり、外国企業を買収したりして事業展開をすることです。正確には、そうした目的のために投資することで、対外直接投資といわれたりもします。

関税

輸入品に課される税金。関税を課すと輸入品の価格が高くなり、国内製のモノが売りやすくなります。保護貿易政策の代表的な例です。

機会費用

人生は選択の連続です。1つを選択すると、それ以外の選択肢は放棄（＝犠牲に）しないといけません。経済学では何かを得るために犠牲にしなければならないようなことを費用と考え、機会費用といいます。

規模に関して収穫一定

生産要素である資本と労働の投入量を同時に2倍にした場合、その生産量も2倍になるような状態。

規模に関して収穫逓増

生産要素である資本と労働の投入量を同時に2倍にした場合、生産量が2倍以上に増加するような状態。

交易条件

ある国が当初輸出している財の価格を、その国が輸入している財の価格で割ったもの。

最適関税論

大国の場合、関税率をあまり高く設定しなければ、交易条件の変化を通じて社会厚生を改善させることが知られています。

産業間貿易

メキシコ製の衣類とアメリカ製のコンピューターのように、異なる産業のモノが取引される貿易のこと。

産業内貿易

トヨタやホンダなどの自動車と、フォルクスワーゲンやBMWなどの自動車のように、同じ産業内のモノが取引される貿易のこと。

小国

その国による貿易量の調整が、国際市場での価格決定に影響を与えない国。

生産可能性曲線

限られた資源を使って、1国ではそれ以上つくることができないような生産の組み合わせを表した曲線のこと。生産可能性曲線上の生産の組み合わせは、資源を効率的に配分した状態となっています。

絶対優位

他の国よりもモノを生産するのが得意な状態。

大国

その国による貿易量の調整が、国際市場での価格決定に影響を与える国。

賃金

労働者が受け取る労働に対する対価のこと。

等価値線
財の組み合わせのうち、同じ価値となる生産の組み合わせを表した直線。

ナッシュ均衡
相手の戦略を想定し、それを織り込んで自分の戦略を決定したとき、自分の戦略を変えても得をしない状態。

比較優位
他の国よりも相対的にモノを生産するのが得意な状態。2つの国が2つの財を生産するとき、どちらかというとどちらの財の生産に向いているかを示したもの。

ヘクシャー・オリーン定理
2国間の相対的な資源量に基づいた貿易のパターンを示します。労働が相対的に豊富な国は、労働集約的な財の生産に比較優位があるため、労働集約的な財を輸出します。同様に、資本が相対的に豊富な国は、資本集約的な財を輸出します。

ヘクシャー・オリーン・モデル
国家間の資源量の違いから貿易を説明しようとします。

保護貿易
外国の産業との競争から国内の産業を保護・育成するための貿易政策。国内産業を保護すると国内の雇用が維持されます。

無差別曲線
いろいろな消費量の組み合わせのうち、満足度が同じものを結んだ曲線のこと。

予算制約線

限られた所得で買える財の組み合わせすべてを表した直線のこと。

リカード・モデル

国家間の技術力の違いから貿易を説明しようとします。

リプチンスキー定理

資源量が変化したとき生産がどのように変化するかを示します。労働者が増加すると、労働集約的な財の生産が増え、資本集約的な財の生産が減ります。同様に、資本が増加すると、労働集約的な財の生産が減り、資本集約的な財の生産が増えます。

レント

資本家が受け取る資本に対する収益のこと。

索　引

● 著者紹介

友原 章典（ともはら・あきのり）

ジョンズ・ホプキンス大学大学院 Ph.D.（経済学）取得。世界銀行や米州開発銀行にてコンサルタントを経験。カリフォルニア大学ロサンゼルス校（UCLA）経営大学院エコノミスト、ピッツバーグ大学大学院客員助教授およびニューヨーク市立大学助教授等を経て、現在、青山学院大学国際政治経済学部教授。

著 書

『国際経済学へのいざない（第2版）』日本評論社

『理論と実証から学ぶ　新しい国際経済学』ミネルヴァ書房

『移民の経済学──雇用、経済成長から治安まで、日本は変わるか』中公新書

『実践　幸福学──科学はいかに「幸せ」を証明するか』NHK出版

『幸福の経済学』創成社

『トピックスで学ぶ経済学』中央経済社

えんしゅうもんだい　まな　こくさいけいざいがく
演習 問題で学ぶ 国際経済学へのいざない コンパクト

●────2020年9月25日　第1版第1刷発行

著　者──友原　章典

発行所──株式会社　日本評論社

　　　　〒170-8474　東京都豊島区南大塚3-12-4　振替：00100-3-16

　　　　電話：03-3987-8621（販売）　03-3987-8595（編集）

　　　　https://www.nippyo.co.jp

印刷所──精文堂印刷株式会社

製本所──井上製本所

装　幀──図工ファイブ

検印省略　©TOMOHARA Akinori, 2020

Printed in Japan

ISBN 978-4-535-55971-4